U0543682

学校课程开发论

——基于语境主义知识观的哲学审视

叶波◎著

湖南省社科基金项目『语境主义知识观下学校课程开发的价值重构与实现策略研究』

西南师范大学出版社
国家一级出版社 全国百佳图书出版单位

图书在版编目(CIP)数据

学校课程开发论：基于语境主义知识观的哲学审视／叶波著．—重庆：西南师范大学出版社，2020.7

（含弘教育学术文丛）

ISBN 978-7-5697-0308-5

Ⅰ.①学… Ⅱ.①叶… Ⅲ.①课程－教学研究－中小学 Ⅳ.①G632.3

中国版本图书馆CIP数据核字(2020)第103115号

学校课程开发论

——基于语境主义知识观的哲学审视

XUEXIAO KECHENG KAIFA LUN

JIYU YUJING ZHUYI ZHISHIGUAN DE ZHEXUE SHENSHI

叶 波 著

责任编辑：刘 平

责任校对：郑先俐

书籍设计：尚品视觉 CASTALY 周 娟 何欢欢

出版发行：西南师范大学出版社

地址：重庆市北碚区天生路2号

网址：http://www.xscbs.com

邮编：400715 市场营销部电话：023-68868624

经 销：全国新华书店

印 刷：重庆市国丰印务有限责任公司

幅面尺寸：170mm×240mm

印 张：11.25

字 数：160千字

版 次：2021年1月 第1版

印 次：2021年1月 第1次印刷

书 号：ISBN 978-7-5697-0308-5

定 价：52.00元

序言

对学校课程的关注由来已久。大约在我从中文系毕业进入中学工作时起，关于学校应该给学生提供怎样的课程的问题便萦绕脑海，久久挥之不去，以至于会在当年的工作笔记中，记下职业中学课程和普通中学课程相互融合、相互补充的话语。想想当时的初衷，不过是觉得职业中学的学生中也有升学的需求，而普通中学的学生也有为职业生涯做准备的需求。

十多年前，这样的想法大约也只是想想而已。我渐渐意识到那些学校里孩子们当下的生活及其未来的命运，事实上是被学校的课程所编织的。作为学校生活中的教师个体，单凭一己之力根本无力改变那些并不尽如人意的课程，从而对孩子们的当下及未来作出更大的改善。如果一定要给当年的辞职考研找一个“冠冕堂皇”的理由，这种面对学校课程和孩子们命运时的善意与无力感，大约就是攻读教育学、从事课程与教学研究的初心。

读研以后，可能是自己太过于看重课程与教学论的专业界限，渐渐便把当年普职融合的想法淡忘了。但不管如何的“忘本”，关注学校中实际发生的课程，关注学校课程给予学生生活筹划的合理性与正当性，却一直不曾忘却。攻读硕士学位期间，正是国家新一轮基础教育课程改革如火如荼之时，校本课程开发既是热点，又是难点，自然引起了我的关注。又恰逢导师范蔚教授主持的“中学科技教育类校本课程开发的文化取向研究”课题在进行学校调研，我们几位同学自然不愿错过学习机会，组团跟随。从西南大学出发，沿嘉陵江边的山路一路颠簸，历经近两个小时才抵达这所位于“中国花木之乡”的乡村普通中学。相比较于外来研究人员对这所以科技类校本课程开发为主要抓手、定位明确、特色鲜明的乡村学校的赞叹和肯定之外，学校里的教师们更多是面对国家课程、地方课程和校本课程这“三类课程”带来的时间、资金、设备等方面的冲突与困惑。面对教师们的热情和迫切，那些隐藏在记忆深处的、作为中学教师的情绪体验又再度复活了。

大约从 2011 年起，我开始较为持续地关注校本课程开发的相关问题。从最初针对特定类型校本课程开发的问题与策略思考，到较为宏大的校本课程开发与特色学校建设的关系问题，再到后期更为具体的校本课程开发中的知识选择问题，事实上不过是同一问题在不同阶段的具体表现而已，所关心的无非是现代社会中学校课程开发的悖论：如何通过学校课程开发这一看似富有地方性意蕴的过程，实现现代社会对于知识的普遍性追求，或者说在一个具有普遍主义的现代社会中，地方性的学校课程开发其意义与价值何以可能？对这一问题回应的意义在于，它不至于让我们的课程一面在普遍、绝对、公共的面向中显得严肃冷峻，另一面又在地方、情境、个体的语境中显得温情脉脉。更不至于让学生在学校的课程生活因为国家课程和校本课程的分野而呈现出割裂、碎片和拼盘的样貌。毕竟，如果将国家、地方与学校三级课程管理简单化理解为国家课程、地方课程与校本课程三种不同类型的课程在学校中的并存，它就必然地意味着“校本课程”需要在“国家课程”以外寻找其存在的时间、空间和实施方式，从而使整个学校课程开发成为不断做加法的过程。这并不只是针对学校课程开发的一个局部问题，而是一个在专业不断分化、知识持续增长的现代中国社会，课程如何恰切应对的改革与发展逻辑问题，是一个需要基于本土语境回应的现代课程发展中的普遍性问题。

对上述问题的自觉经历了漫长的过程，是个体知识增长与实践困境之间不断碰撞的结果，更是以中国的课程改革实践审视源自西方的校本课程开发理论的结果。所以，在撰写这本著作时，无论在具体的文字中是否明示，但都始终存在一个潜在意义上的“中国”或“本土”意识。换言之，本作无意于构建一种普适性的学校课程开发理论，而只是针对我国学校课程开发的问题所作出的回应与尝试性的构建，试图用“做减法”的思维方式，在国家与学校之间建立起一种彼此交互、相互融通的课程开发方式，从而使国家课程开发指向的普遍性知识能够通过具体情境中的价值发现与辩护获得地方性的意义，也能够使地方性知识经由知识价值辩护走向普遍。由此构筑的学校课程空间将成为整体性的存在，无论是教师还是学生，亦将在这一融通的课程空间中完整地生活，开启师生的美学生存实践。追求师生在学校课程空间中更好地生活，这也是对自己走上研究之路初心的找寻和回归。

书稿的顺利完成，特别要感谢我的导师范蔚教授。我于2008—2014年在西南大学攻读教育学硕士和教育学博士学位，是导师给予我在课程与教学领域探索的机会，并在自己的研究实践中指导、引领我关切学校中的课程与教学问题，启迪我走上学术研究之路。在本书付梓印行之际，感谢西南师范大学出版社有关领导和同志提供的宝贵支持，感谢出版社编辑的辛勤付出，你们的工作为本书增色不少。当然，由于我个人的水平有限，本书依然存在很多不足之处，恳请各位方家批评指正。

叶波

2020 **年** 4 **月** 20 **日**

MULU 目录

导语

在时间的意义上，无论是过去、现在还是未来，不过是时间轴线上不同的节点而已。但当身处不同时代的人们，用过去、现在或未来去界定时间轴线上某一区间时，实质上它已经超出了时间本身的意义，而是意指某种特定观念或自我认同。换言之，当人们用过去、现在和未来等类似的词语进行描述时，事实上并不是在言说关于时间的故事，而是关于观念、身份的区隔。

时间退至 20 多年以前，面对即将到来的一个崭新的世纪，当人们用“新世纪”作为前缀去描述关于未来世界的各种图景时，谁能说那只关乎时间？翻开 1999 年的各种文献，“面向 21 世纪”成为 20 世纪即将画上句号的收束之语。一切以“面向 21 世纪”为主题的未来畅想，实是人们抽身于当下的情境，在决裂和反思中的另一重构建。当然，远不只是话语的建构，更是积极投身于一个新时代的行动。就在这一年的 6 月，《中共中央国务院关于深化教育改革，全面推进素质教育的决定》正式发布，全面推进素质教育被赋予“培养适应二十一世纪现代化建设需要的社会主义新人”的重大使命。正是在这份“决定”里，提出了要“调整和改革课程体系、结构、内容，建立新的基础教育课程体系，试行国家课程、地方课程和学校课程”。由此拉开了我国政策意义上明确的校本课程开发历程。其后，教育部制定的《国家基础教育课程改革项目概览》中，进一步明确了“实行国家、地方、学校三级课程管理体系”。学校在这一管理模式之下，所肩负的责任是：“义务教育和普通高中阶段的学校在执行国家课程和地方课程的基础上，依据教育部颁发的《学校课程管理与开发指南(讨论稿)》，从实际出发，参与本社区学校课程具体实施方案的编制。同时，结合本校的传统和优势、学生的兴趣和需要，开发或选用适合本校的课程，并报上级教育主管部门审批。学校有权力和责任反映国家课程和地方课程在实施中所遇到的问题，同时建立学校课程的内部评价机制，以保证学校的课程实施与国家课程、地方课程在目标上的一致性。”

正是在这样的政策背景之下，校本课程开发逐渐成为我国基础教育课程改革的“亮点”与“难点”，并为人们所关注。亮点在于赋权，难点在于增能。课程决策权力的下放，学校作为课程开发主体身份的确立，显然生成了十分宽广的想象空间。但随之而来的问题亦十分突出：长期以来的课程集中管理体制，导致学校在课程意识、课程能力上的普遍短缺的现实和学校作为课程开发主体权力担当之间有着内在的紧张。当然，其背后还蕴含着更为深层的观念上的冲突。毕竟，校本课程开发意味着一种完全不同的课程观、学生观、教师观乃至更为根本的知识观与文化观。

当我们回首我国实施校本课程开发的近 20 年历程时，必须要予以承认的是，这一源于西方 20 世纪六七十年代的概念，经由我国课程论学者的引进、阐释与建构，更重要的是经由我国课程实践者的探索与反思，确然地讲述了一个校本课程开发的中国故事。或许这个故事还有很多值得完善的地方，但不可否认的是，我们在理论层面，至少建构起了包括校本课程开发的内涵特征、价值意蕴、开发模式、开发策略和评价反思等在内的一整套理论体系。作为课程权力下放的现实诉求，或许这套理论体系有它偏重于技术理性的面向，但无论如何，它用理论话语的方式，向我们描述了一个相对清晰的校本课程开发的理论样貌。当然，理论层面的探索远不止于此。随着后现代思潮的激荡和中国本土文化的觉醒，校本课程开发同样被赋予了超越技术的文化使命。对于校本课程开发而言，不再只是一套关于以学校为主体的课程开发程序或技术，更意味着学校自身的文化更新、乡土文化的传承与创新，甚至从某种意义上，更加广泛的具有文化人类学意义上的地方性知识面对西方现代科学知识的抗争与伦理重建。

这个中国故事的另一重面向，自然就是实践层面的积极探索和反思总结。从较早时期的“锡山经验”到其后的“1＋X”，再到后来的学校课程的“顶层设计”和“素养本位”的学校课程体系建设，无论是被动地“卷入”，还是积极主动地“拥抱”，一个不容否认的事实是，当下中国绝大多数的中小学校，都曾在过去的漫长时间里探索过校本课程开发。同样的，绝大多数的校长都能够大致地勾勒学校的课程体系，绝大多数的教师也都曾有过校本课程开发的经历。甚至对很多学校来讲，他们更加烦恼的问题在于，所开发的“学校课程”过于丰富，以致难以管理。当然，这更像是“甜蜜的忧愁”。毕竟，通过校本课程开发，学校真实地发展了学生的兴趣与特长，提升了教师的课程意识和课程能力，甚至造就了富有特色的学校，以及在这背后发挥着“灵魂”作用的校长。

当然，这并不意味着这个关于校本课程开发的故事足够完美，虽然它足够精彩。当我走进很多学校或面对很多校长的时候，他们似乎更乐意于呈现关于校本课程开发的一切，而通常有意无意地忽视国家课程或地方课程。当我进一步追问他们，这些看起来很精彩的“校本课程”，在学校实行的课程表上占据多少位置，以及占据多大比例时，显然就意味着一个冲突的显现。这个冲突一方面在于，当我们说通过校本课程开发实现了学校文化的整体更新时，学校在实施国家课程的时候，依然按部就班地重复着过去的那一套价值观念及行为方式；另一方面则在于，当将校本课程开发仅仅定位于国家课程和地方课程以外的有限空间时，无论它如何精彩，又如何能够代表一所学校的整体文化，校长们对此显然不是无所觉察，这种“国家课程＋地方课程＋校本课程”的三类课程“拼盘”，始终面临着某种内在的冲突及彼此之间的融合问题。毕竟，校本课程开发（School-Based Curriculum Development）

这一源于西方的概念，本身就有着与中心本位的课程开发(Central-Based Curriculum Development)完全不同的理念假定，它们之间更多地构成了“从……到……”的转向关系，而不是并存。将源于西方的“校本课程开发”移植于我国课程体制的框架之内，难免会发生各种理论和现实上的困境。或许，这正是在过去20年，我们在概念上产生各种混乱的根源所在。在日常的学校话语里，人们更习惯于用理论界并不认同的“校本课程”来指称学校自主开发的、有别于国家课程和地方课程的那一类课程。而另一方面，在理论层面，“校本的课程开发”“校本课程的开发”“本校课程”“学校课程”“校本化实施”等概念纷繁复杂。显然，对我国的校本课程开发而言，亟须基于本土立场，建构指向学校层面课程开发现象的概念及其理论范畴。

这一理论范畴的起点始于知识观的更新。课程论与知识观的内在关系无须赘言。学校层面的课程开发始终在国家课程及地方课程以外，从事类似于“花边”“修饰性”工作的一个重要缘由，在于学校层面的课程开发缺乏必要的知识假定，甚至学校层面的课程开发将自身的工作和知识领域人为地隔离开来，而只是指向学生个体的经验，甚至是缺乏明确的指向性，仅仅沦为活动的开展。这正是学校层面课程开发广为人所诟病之处：体验有余，收获不足。而与之相对的另一重景象，则是国家课程，这一承载着学科知识的“正规课程”，不得不在知识客观性、真理性的“坚守”中，绞尽脑汁地思考知识何以能够关切学生的教育生活、如何能够使知识在主体的意义赋予中被活化。基础教育课程改革以来知识观在客观与主观之间存在的分歧及对立，就这样在学校自主开发的“校本课程”和国家统一颁行的“国家课程”之间获得了对应物，从而使学校中几类缘于不同主体的课程相互隔绝，彼此抵牾。解决这一问题，自然需要在知识的客观与主观之间寻求沟通。

实现二者沟通的一个彻底的方案就是，从根本上解构客观与主观、普适与境域之间存在的分歧。对此，语境主义知识观无疑提供了有益的启示。语境主义知识观借助于“地方性”的概念，将知识视为实践过程的集合，从根本上消解了知识的上述对立。一切知识从其发生来看，总是源起于特定而具体的地方性情境之中。知识生产的情境依赖性造就了带有情境意蕴的“地方性知识”，并经过知识的标准化或“去境域化”处理，使之成为看似客观的知识表征。然而，以文字符号表征的知识绝不意味着这是完整的知识样态。知识的“地方性”本性决定了任何知识，都必然地在具体的情境中重新进行价值发现与辩护，重建知识的地方语境性。由此，知识从来都不是以符号构筑的概念之网，而是主体在具体情境中对其进行价值发现、情境重构与价值辩护的实践活动的集合。对知识而言，其焦点不再是使其得以成立的普遍法则，而是知识得以形成的情境条件。

将语境主义知识观作为课程的知识论基础，消解了知识在公共与个体、客观与主观之间存在的分歧，并清晰地展现了从公共至个体、客观至主观的双向的知识生成转化路径。公共知识、客观知识通过境域性重建，转化为个体知识和主观知识，从而在具体的实践情境中获得意义。个体知识、主观知识通过去情境化或标准化的处理，上升为超越个体和主观的公共知识和客观知识。这一清晰的知识生成转化路径，同样为我们勾勒了一幅关于国家课程、地方课程和学校课程之间具有内在关联的生动图景。这并不是由国家、地方和学校作为课程开发主体所开发的三类课程，而是真正意义上的“三级课程管理”，是国家课程在地方和学校的教育情境中，获得价值辩护与意义生成的生动过程，也是个体经验、地方性知识经由实践阐释而确证其价值的过程。由此，所谓的校本课程开发，不仅包括国家课程的校本化实施，也同样包括个体经验、地方性知识经由价值辩护而实现的课程创生。学校课程开发的概念，正是对此过程的描述与概括，它所强调的是以学校内部人士为主体而进行的知识价值辩护过程，是学校的校长、教师和学生，基于真实的情境展开的具有适切性的教育生活本身。或者说，学校课程开发的实质，正是对师生如何过一种适切的教育生活的实践探寻。

适切的教育生活的探寻，不是来自教育理论专家的理论构建，而是师生真切的生存实践及向美而生的教育生活本身。由此，基于语境主义知识观的学校课程开发，正是师生的课程美学生存实践。在此过程中，一方面，师生共同致力于课程的适切性改造，将自身的价值、体验、智慧及需求等，投射于存在于学校空间的一切课程之上。课程不再是疏离于师生主体的外在之物，而是打上了主体烙印的切己之物。另一方面，存在于学校空间中的课程，其自身所蕴含的价值主张、逻辑构成等，亦在此过程中，指向师生主体的经验改造。师生不再是局限于"地方"的狭隘主体，而在开放与交互中，完成自我经验的开放、共享与提升。在此意义上，所谓的学校课程开发，本身就是富有创造性的美学实践活动，是成己、成物、成人三者相统一的美学实践过程。

学校课程开发的成己之美，是指向作为学校课程开发主体的教师而言的。学校课程开发作为探寻让师生过一种适切教育生活的实践过程，当然认同学生作为生活的主体这一事实。凸显教师在这一生活过程中的主体作用，不仅是因为教师对这一生活过程的引领与组织作用，更在于我们的课程实践，从来都是过于强调学生，而忘记了教育生活亦是教师的生命活动这一事实。于是，在"为了学生的发展"口号之下，教师自身的生命价值及生活状态就处于被遗忘的状态。一个根本的问题在于：如果教师自身无法具有"成己之美"的能力和追求，大概也是无法实现促成"成人之美"的生活实践的。为此，学校课程开发作为课程美学实践，首先指向的就是教师要在此过程中实现成己之美。当然，这里的教师是宽泛意义上的，既包括作为学校领导者的校长，又包括指向专业实践的普通教师。教师的成己之美，源于实践中的自我阐释和实践中的课程阐释，是在自我教育经验的深度体验、激活的前提下，与课程中凝练的价值、理论交互对话，最终指向自我改造的经验提纯过程。由此，作为领导者的校长在教育哲学的鲜明意识中，彰显自身的教育理念、办学理念和育人理念；作为专业人士的教师，亦在课程意识的觉醒和课程能力的提升中，成就专业实践之美。

学校课程开发的成物之美，是指向作为学校课程开发客体的课程而言的。这并不是说课程必然要以某种具体物化的形式加以呈现，而是强调经由校长、教师和学生改造或创生的课程，理应有其相对客观的存在形态。在人们的日常观念中，习惯于将学生视为教师的教学成果和学校的办学成果。基于这一理解，教师的美学实践势必徒有形式，所谓教师之美，不过是有好的教学艺术、教学技艺罢了。这种囿于教学论的教师之美，否定了教师美学实践的本真意蕴。毕竟，在日常的教学中，教师不仅仅决定着“如何教”的问题，更有着课程意义上的内容选择、组织、增减乃至融入自我体验的课程转化行为。在语境主义知识观下，学校课程开发的“成物”意蕴，就是指向国家课程、地方课程经由教师改造之后所形成的具有客观形态的课程，无论它是表现为学校层面的课程方案，还是写在教师备课本上的教学设计，又或是真实开展的活动本身。它一方面彰显着源于课程开发主体的目的，另一方面又合乎着课程要素及其内在关系的客观规律，是美的存在之物。

学校课程开发的成人之美，是指向学校课程开发中，既是主体，亦是客体的学生而言的。从教育生活的开展而言，学生是教育生活的主体，这大约是谁也无法更改的事实。但从教育生活中不同主体的功能地位来讲，学生是教师施加影响、意欲改造的“客体”，也是客观的现实。教师通过学校课程开发，先成己，再成物，进而在“己”与“物”的共同影响下，实现成就学生的美学实践路径就此清晰展开。好校长成就好教师，好教师成就好课程，好课程成就好学生，这就是学校教育以课程育人的实践逻辑。这一实践逻辑鲜明地表达了学校课程“以人育人”的内在法则。以文字符号表征所构筑的课程世界之所以存有育人的力量，根本上是因为文字符号的背后，蕴含着真实的人类实践。如何在具体真实的情境中，复活文字符号背后的“实践”，彰显作为实践主体的价值、情感、智慧、力量等，才是育人得以真实发生的根本性问题。当课程开发进入学校的静态的文本课程，经由校长、教师的改造，承载着校长、教师的美学实践而成为学生真切的教育生活时，“为了每一位学生的发展”才不至于成为一句空洞的口号，才会真正流淌在美好的课程生活之中，真切地滋养着每一个有待成长的生命。

为此，探讨基于语境主义知识观的学校课程开发，以成就师生恰切的教育生活的展开，就构成了这本著作的基本主题。需要说明的是，笔者虽然使用了学校课程开发这一“新”概念，但这一概念却实实在在地源于我国过去20多年来学校课程实践的根基之中，亦是在“校本课程开发”的理论背景中展开的。当然，新概念的使用，绝非某种“语言游戏”，而是有其特定的内在意蕴、价值追求及行为特征的。为此，从理论层面完成此概念的基本建构，是本作的基本任务所在。

第一章　学校课程开发本体论

课程是学校教育工作的基础与核心。有计划地设计教育内容和学习活动，进而加以实施，并通过评价不断更新和完善，是在学校中切实存在的课程活动。然而，学校对这一课程活动的认识多是模糊的，甚至是处于不曾觉醒的状态。究其原因，一方面在于学校缺乏作为课程开发主体的身份觉醒，对课程开发这一活动处于“习焉不察”的状态之中；另一方面，则是课程含义的多样性，使其变得难以捉摸，即使学校的主体意识有所觉醒，也常常因为课程的不确定性而显得“捉襟见肘”。此外，即使对学校课程开发有确切的理解，但很多学校在具体的实践中，也容易秉持“技术取向”的思维，使学校课程开发徒具形式。因此，对学校课程开发的界说，首先需要澄清其意义，继而立足其思想基础，对其内涵做出揭示。

第一节 学校课程开发的意义

一、学校课程开发价值与意义关系

总体上看，我国以往的课程管理体制是统一集中管理。这种相对集中且较为统一的课程管理体制，通过统一的课程标准或教学大纲、教科书，保障了课程与教学的基本水准，有利于实现教育公平，强化文化认同。这是统一集中课程管理体制的优势所在。但另一方面，这种相对统一且较为集中的管理方式，又明显削弱了学校和教师作为课程开发的主体意义，并因此使得学校课程开发的意义隐而不彰。

近年来，随着三级课程管理体制的实行和校本课程开发的推行，学校课程开发往往被赋予学校文化再造、教师专业发展和学生个性发展的价值。此种判断的逻辑是，教育及课程存在的根本目的就是为了实现学生个性而健康的发展，学生充分自由的发展离不开教师的引导和学校的熏陶，学校特色的形成离不开教师和学生的共同努力。因此，学生发展、教师发展和学校发展就形成了一种前后相继却又彼此相倚的关系。针对于此，有研究指出，"学生个性发展是校本课程开发的终极追求"，"教师专业发展是校本课程开发的必然追求"，"学校特色形成是校本课程开发的自然追求"①。应该指出，对学校层面课程开发的必要性和合理性做出价值层面的分析是必要的，它有利于在理论层面为学校的课程开发行为寻求合法性的支撑。但就此分析而言，其一，无论是学校文化再造、教师专业发展或学生个性发展，学校课程

①傅建明. 校本课程开发的价值追求[J]. 课程·教材·教法，2002(7)：21—24.

开发都不是实现上述三者的唯一途径，只是诸多手段中的一种。譬如，学生个性发展通过课堂教学中的因材施教同样可以实现，而教师也可能会在因材施教的过程中，通过自己的实践与反思，促进自身成长。这意味着，学校课程开发充其量只是一种充分但不必要的存在。在实践中，学校课程开发的存在更像是点缀或花边，缺乏本体性的意义。其二，学校课程开发作为一种过程，自然有其过程意蕴，但当我们对其展开价值分析的时候，却是在“目的—手段”或“主体—客体”的二分框架中，将学校课程开发置于“手段”和“客体”的位置。这种价值分析同样遮蔽了学校课程开发的本体意义，其结果往往是以结果代过程。在学校课程开发的实践中，很多学校满足于一些课程产品的开发，且一旦开发出来，就会被“束之高阁”，无法真正体现学校课程开发的应有意义。

但另一方面，有必要看到，学校课程开发的意义以其价值为根基。学校课程开发的意义一旦丧失了价值层面的支撑，将会成为虚无之物。在学校课程开发的实践中，有些学校存在“为开发而开发”的倾向。这种倾向集中地表现为校长意志下的学校课程开发。校长是学校的灵魂人物，也是学校课程开发的主导者。然而，正因为校长在学校建设和课程开发中的关键性作用，一些学校的学校课程易于为校长意志所主宰。有的校长热衷于传承地方文化，有的校长热衷于传承经典，于是，学校课程开发就成了地方文化和经典传诵的载体。这样的课程开发，似乎并没有将学校课程开发视作达成学生进步、教师发展和学校改进的工具或手段，而是“为开发而开发”，将其看作学校课程形成的过程。这种倾向下的学校课程开发，因其对教师和学生发展需求的忽视，而使学校课程开发的价值阙如，其意义也因此变得虚无。

综上而论，我们既不能以学校课程开发的价值分析代替其意义分析，也不能使意义分析脱离价值分析。没有价值作为支撑的学校课程开发，其意义是虚无的。但仅有价值而缺乏意义的学校课程开发，同样是不完善的。

二、学校课程开发的意义:让师生过一种恰切的教育生活

学校课程开发的价值分析不能代替学校课程开发的意义分析。学校课程开发的价值分析将学校课程开发置于一种“客体”或“手段”的位置之上，使学校课程开发丧失了自身存在的本体意蕴。寻求学校课程开发的意义，就是要在学校课程开发和师生教育生活的关系重构中，重新审视学校课程开发存在的理由。学校课程开发的意义，源自学校教育中师生教育生活本身的“矛盾”:它使学校教育生活中人的非现实性(学生发展)转化为现实性(学生的教育生活)，而把世界的现实性(国家课程计划、教材等)转化为非现实性(满足学生发展需要的世界)。学校课程开发的意义，实质上源自对既有的课程进行改造，源于使一所学校的师生过上一种恰切的教育生活的过程本身。或者说，学校课程开发的意义就在于让师生过一种恰切的教育生活。

学校课程开发的意义，无法脱离教师和学生而凭空存在。意义总体上属于关系领域。学校课程开发的意义存在于它和教师、学生所发生的真实的联系之中。当前，大量的学校课程开发之所以意义阙如，一方面，是因为我们习惯于将学校课程开发和国家课程开发、地方课程开发并列而论，而真正主导着师生教育生活的，往往又是国家课程。学校课程开发充其量只是师生教育生活的点缀，而无法与之发生真实的联系。另一方面，学校课程开发的意义彰显于师生作为主体的活动之中。只有当教师和学生能够作为学校课程开发的主体，并以真切存在的活动，使其生命在场，学校课程开发的意义才可能真正发生。就此而论，学校课程开发的意义彰显有两个前提性的条件:一是学校课程开发须置于国家课程、教师和学生的三维框架之中;二是学校课程开发须在教师和学生真实的课程开发活动中展开。

在国家课程、教师和学生构成的三维框架中，学校课程开发的意义首先表现为学生发展向教育生活的转化。学生发展无疑是一切学校存在的必然

前提，也是学校发展的根本目标所在。正是因为学生发展的根本性和必然性，它也往往具有抽象性。这种抽象性集中表现为学生发展目标的抽象、活动的抽象和评价的抽象上。很多学校可能都曾标榜“一切为了孩子，为了孩子的一切”，然而，当这个问题被更为具体地追问时，也许只能获得一串问号。究竟为了孩子的什么，如何实现这种根本性的目的，对大量的学校而言，不仅未经深思熟虑，甚至从未被认真思考。这是因为，关于这些问题，似乎在国家的教育目的、培养目标和课程目标中已有清晰的表述，至于达成这些目标的手段，在国家的课程设置、教材及教学建议中，也已有一一规定。无论是作为上位的教育目的，还是较为具体的课程目标甚至是教科书中的单元目标、课时目标，它们更多是抽象意义上的表达。只有当这些抽象的表达能够在具体的、实际的情境中，转化为学生发展的具体追求且转化为具体学生的教育生活时，它们才真正具有教育的意义。正因为此，学校课程开发意义的彰显，首要的问题就是要将抽象的学生发展追求，转化为具体的学生教育生活。

在国家课程、教师和学生构成的三维框架中，学校课程开发的意义还表现为国家课程向学生课程的转化。一方面，如果将课程大致分为文本课程和经验课程两端，那么国家课程应该更接近文本课程一端，而学生课程更为接近经验课程一端。课程纲要、各科课程标准、教科书等，大体上是国家课程的物化形式，但这些承载着国家课程的物化形式，只有真正转化成为学生课程时，才能够真正实现课程对学生发展的应有意义。另一方面，国家课程作为面向全体学生的内容和经验安排体系，具有普适的意义，但也因此缺乏对具体教育情境的观照。事实上，虽然我们不必将差异性和独特性过于泛化地提出，但必须要承认的是，不同的学校依然会构成不同的学校教育情境，并有着各自不同的、有待解决的教育问题。在普遍意义上被提出的国家课程，显然难以一一兼顾这些具体的学校教育情境。学校课程开发的意义就在于实现国家课程向学生课程的转化，实现课程从现实的国家课程向满足学生发展的非现实性世界的转化。

总之，学校课程开发就是要通过对国家课程改革的适切性改造，以使之适应于具体的学校教育情境，从而促进学生发展从抽象走向具体。就这一双重转化过程的实质而言，就是通过学校课程开发，使教师和学生过上恰切的教育生活，这正是学校课程开发的意义所在。

第二节　学校课程开发的思想之源

自我国新一轮基础教育课程改革实行三级课程管理体制以来，“校本课程开发”是风靡理论和实践的流行性概念，而非“学校课程开发”。表面看来，“学校课程开发”和“校本课程开发”颇为接近。然而，在我国课程实践中，校本课程开发易被理解为在国家课程和地方课程之外，学校在国家课程计划预留的有限空间中，进行课程创生的过程。这一理解使得在当前的学校空间中，实际上存在着彼此交叠却并不相通的“三类课程”，缺乏整体性。学校课程开发是在校本课程开发的基础上进一步发展而来的，在强调学校作为课程开发主体的基础上，更加重视课程活动的整体性。在思想资源和理论基础上，学校课程开发既与校本课程开发有内在的延续性，又对其有所发展。

一、理论基础：实践的课程范式

学校课程开发是在校本课程开发的基础上发展而来的，在其理论基础上，和校本课程开发共享同一理论资源。众所周知，校本课程开发的概念最早由福鲁马克(Furumark)和麦克墨伦(McMullen)于1973年在一个国际性的课程研讨会上提出的，并在过去几十年间逐渐成为声势浩大的校本课程开发运动。校本课程开发的提出虽然有其历史偶然性，但从理论发展来看，却蕴含着深刻的历史必然性，是课程理论发展的必然结果。为这一概念及其引发的广泛课程实践提供直接理论支撑的，正是美国课程专家施瓦布(Joseph J. Schwab)的“实践的课程范式”和英国课程专家斯滕豪斯(Lawrence Stenhouse)所提出的课程编制的“过程模式”。虽然这二者并不尽相同，但在基本的理论主张方面却有其一致性。

（一）教师和学生作为课程创生的主体

学校课程开发最终固然要形成一定的课程方案与计划，然而，学校课程开发和校本课程开发一样，同样重视课程开发的具体过程。这一过程，实质上就是教师、学生、教材和环境之间的交互作用过程。教师和学生在这一过程中以主体的身份进行着课程创造的活动。显然，这一理解和目标导向的课程开发活动有着根本的区别。在目标导向的课程开发中，课程由目标所确定，课程实施的效果同样需要依据目标做出评估，因此，课程以目标制约着教师，教师则以目标制约着学生，由此形成了课程对教师和学生的控制。然而，实践的课程范式因其对过程和实践情境的强调，使得教师与学生成为课程的有机组成部分，进而突出了教师与学生在课程创造中的主体地位。事实上，当我们将目光从文本层面的课程转向实施层面的课程时，教师和学生作为课程创生主体的观点就会愈加明晰。塔巴（Hilda Taba）在论述课程实施时，曾提出诊断需要、选择教学内容、组织学习经验、决定评估和如何评估等课程行为。当教师对既定的课程内容，根据特定的学生需要进行重新选择、组织与评估时，就意味着教师已经在以课程主体的身份进行课程的“二次开发”。虽然在具体的课程实践中，很多教师并不是在完全自主的意识下进行这一课程行为的，具有自发的性质，但这一自发行为的存在，恰恰确证了在课程实践中，教师作为课程创生主体的必要性和可行性。

（二）课程审议作为课程的运作方式

无论是学校课程开发，还是与之相近的校本课程开发，当我们将目光从静态的文本层面投向动态的实践层面时，就会发现，课程开发所要面对的不是一个具有整体性的价值群体，而是在价值观念上分崩离析的多文化群体。课程开发所面对的不是机械决定的线性的实践情境，而是具有非线性和混沌特征的复杂情境。因此，面对一个复杂的、多元的日价值观念上分崩离析的实践情境，意图通过一种普适性的理论来指导具体的实践，可能难以达成目标。因此，学校课程开发秉承施瓦布所提出的课程审议，将其作为课程的运作方式。所谓课程审议，实质上就是对问题情境反复权衡而达成一致意见，最终做出行动的决策。课程审议首先要求学校课程开发根植于实践问题之中，其所要解决的问题是身处其中而感到有所不适的那个混沌而复杂事态中的问题，它回答的是"我们应该做什么"的问题，而不是理论意义上"我们应该怎么做"和经验意义上"我们正在怎么做"的问题。其次，课程审议是异中求同的过程。这意味着在学校课程开发时，会有两方面的规定性：一方面，学校要围绕实践问题形成不同的解决方案，亦即要形成关于学校课程的备案，可供权衡的可能备案的形成，是课程审议的前置条件；另一方面，它是群体通过互动实现决策的过程。学校课程开发是多方参与，并在互动中达成一致性行动的过程，其最终的行动是属于"我们"的决定。最后，课程审议遵循实践推理的逻辑。课程审议是一系列的实践演绎过程，它由不同的"片段"构成，且不同的"片断"需要在各自独特的情境中获得辩护。学校课程开发是在具体情境中不断展开解释和辩护的过程。

（三）行动研究的方法论基础

行动研究是自20世纪40年代以来逐渐兴起的一种教育研究范式。从方法论的层面来看，它其实有着关于研究对象和研究主体及二者关系的独特假定，从而使其能够有别于一般意义上的理论研究。虽然关于什么是行动研究的见解众说纷纭，但依然共享一些基本特征。有研究指出了不同学者对行动研究特征的不同选择与认可。如埃利奥特(J. Elliott)更加看重"行动研究发生的'场域'和'目的'，强调行动研究必须走出书斋而进入实际的社会情境"；斯滕豪斯则提醒人们注意，"行动研究既然称得上是一种研究，它首先得符合一般研究的资格"①。即便如此，如果细究各种关于课程行动研究的描述，依然有一些共同的基本要素是无法回避的，如权力分享、反思合作和课程变革。在学校课程开发中，首要的条件就是要赋予学校以进

---

①刘良华.行动研究：是什么与不是什么[J].教育研究与实验，2001(4)：66—71.

行课程开发的权力，同时，在学校内部，要将这种学校层面获得的权力进一步变成教师可以共享的权力。斯滕豪斯的“教师即研究者”的提出，也正是从不同的角度确证了教师对课程权力的共享。其次，学校课程开发总是基于特定的学校情境而展开的。所谓情境，其核心乃是问题。学校所面对的具体课程问题是学校课程开发的逻辑起点。学校对问题的体认和解决，依赖于学校的反思性实践，也依赖于学校内部教师之间以及学校与校外人员，如课程专家的合作共商。再次，学校课程开发的终极目的在于对课程做出改变，而不是获得某些关于课程的理论见解和认识。在此意义上，学校课程开发与行动研究所倡导的权力共享、反思合作、课程变革显然具有内在一致性。

二、思想资源：实践智慧

表面上看，学校课程开发是在实践的课程范式的理论支撑下，于近几十年逐渐兴起的新生事物。然而，如果我们对课程发展演进的历史详加考察，就会发现，学校课程开发早有端倪，它不仅仅是理论演进的产物，更是一种实践形态，是一种人类普遍共有的思想在实践中的生动表达。而如果对人类这一普遍共有的思想加以追溯，其源头则是亚里士多德（Aristotle）所揭示的实践智慧。

亚里士多德在《尼各马可伦理学》中曾区分了人类认识事物和表达真理的五种知识形式，其中就包含了后世为人们所熟知的纯粹科学、应用科学和实践智慧这三种知识形式。纯粹科学的研究对象是不可改变的、必然的和永恒的事物。亚里士多德指出：“我们都认为，我们以科学方式知道的事物不会变化，变化的事物不在处于观察的范围之外，我们无法知道它们是存在还是不存在。所以，科学的对象是由于必然性而存在的。因此，它是永恒的。因为，每种由于必然性而存在的事物都是永恒的。而永恒的事物既不生成也不毁灭。”[①]在亚里士多德那里，纯粹的科学知识是一种不可改变并必然存在的事物的知识，它是一种依赖于推理证明而被人学习的演绎性知识，比如数学。不同于纯粹科学，应用科学处理的对象是可以改变和可以制作的事物，比如建筑。就应用科学或技术而言，它总是受制作者特定的观念和计划所指导。因此，技术或应用科学自身无法成为目的，而只能是手段。应用科学是关于制作或生产某种东西且服务于制作者目的的一种与偶性相联系并能为人们所学习的知识。

与上述两种知识形式不同，实践智慧作为一种特殊的知识类型，它既不同于纯粹科学，也不同于单纯的应用科学。实践智慧不同于纯粹科学，是因为实践智慧所研讨的对象不是不可改变之物，而是可改变且我们能做到的东西。这意味着，对实践智慧而言，拥有关于具体的、特殊的事物的知识和经验，并能够在实践中实现其最大的善才是最为重要的。实践智慧不同于应用科学之处在于，虽然它们二者都以可变之物为对象，但是技术的本质仅仅是制作或生产，它是以“手段”或“工具”而存在的。实践智慧的本质是践行，是人类自身的行为，它既是行为，又是目的。此外，应用科学，譬如盖房子的技术，既可学习又可传授。实践智慧作为关于实际生活和特殊事物的认识，它更多是实践性、内隐性的，它既不可学习又无法传授。

学校课程开发的提出，所彰显的显然是具有特殊意义的学校情境。由此，学校课程开发的价值旨趣并不在于通过理论的演绎，以构建具有纯粹科学意义的课程理论。学校课程开发的提出，倡导学校作为课程开发的主体。学校课程开发就是师生涉于其中的课程形成过程。它同样不是手段和工具，也不是按照特定技术化的课程开发而展开的一套流程，它自身就是目的。学校课程开发在根本上秉承了亚里士多德的实践智慧，强调在具体的学校情境中对课程做出决策，并使师生在此过程中展现出“实践智慧”，呈现出“好的”课程行为。这种追求，和作为实践取向的课程理论的代言人——

---

①亚里士多德.尼各马可伦理学[M].廖申白，译注.北京：商务印书馆，2003：170.

施瓦布的"实践兴趣",应有异曲同工之妙。在此意义上,学校课程开发作为一种源自德性伦理的"践行",其目的必然包含着指向教育情境中能力的提高和行为的德性化,而不是为了生成普遍的、可供出版的公共理论知识。

三、教育民主化思潮

教育民主化思潮是自20世纪60年代以来逐渐兴起的教育命题。这一命题在其原初的含义上,更多指涉的是教育机会均等。然而,随着时代的发展,作为教育机会均等意义上的"教育民主"已经无法适应人们的要求。至少从20世纪80年代开始,教育民主化就已经逐步从机会均等走向学业成功机会的均等。"近十年来,关于教育的讨论,在不忽视进入各种不同类型学校的机会均等的同时,重点越来越放在:要找到尽可能地缩小学业成绩——至少是义务教育阶段时的学业成绩——差距的办法。就是说,使全体学生或几乎全体学生达到令人满意的教育水准。"①显然,就此而言,除了在更广泛的制度层面予以种种保障之外,增强课程的适应性,使之能够推动每个学生发展,并获得学业成功是必然的举措。自20世纪以来,尤其是自20世纪60年代以来,由杜威(John Dewey)及其后的进步主义教育运动所开启的致力于保障儿童自由个性发展的教育浪潮,恰恰是为教育和社会的民主奠定了基础。正因为此,有研究者在评析进步主义教育和新教育运动时指出:"儿童在课程中的地位获得确认,儿童的个性获得解放,儿童在课程中的权利获得保障,由此使人类教育摆脱专制、走向民主,从而为人类社会在20世纪进入工业化时代和民主化时代奠定了基础。"②既然课程要面向每一个具体的儿童(学生),并致力于使他们在学业上取得成功,那么,一种在制度意义上普遍适切的课程显然是不可取的,与之相关且相互滋生的工具化(或技术化)的课程改革同样也不会具备民主的品格。学校课程要真切地适应学生的需要,并致力实现每一个学生发展的道德追求,就必然要突显课程

①张人杰.西方"教育民主化"初探[J].高等教育学报,1986(1):57-69,49.

②张华.道德的课程改革与民主的课程领导[J].全球教育展望,2006(4):7-12.

的适应性，在具体的学校情境中，对课程进行改造。学校层面的课程开发之所以日益获得强调，学校之所以被赋予课程开发的权力，教师的专业自主性之所以获得肯定，学生的个体经验之所以能够在课程中占据应有的位置，与教育民主化的整体思潮显然具有内在联系。

从理论基础来看，学校课程开发是在具体的教育情境中，以师生为课程开发主体，以课程开发为行为方式，以满足每一位学生的发展需求为目的的课程改进过程。当然，就这一过程而言，情境的不确定性、从开发到实施的非线性及其意义的生成性，都会赋予学校课程开发复杂性的特点。因此，学校课程开发不仅奠基于上述的思想与理论资源之中，更需要以复杂科学的思维方式来加以面对。它既不是在学校层面形成课程计划或课程实施方案的文本开发活动，也不是将国家课程和地方课程机械执行、线性实施的过程。实践是学校课程开发的关键品质。

第三节　学校课程开发的内涵

一、课程与学校课程

（一）课程：促进学生发展的经验性体系

关于“课程”的定义，如我国课程论学者施良方所言：“翻开各类教育著作，几乎没有不提及课程的，但对课程的界定则是见智见仁，很难达成共识。”①从词源上来讲，“课程”一词有其历史起点和相对明确的意指，比如，唐朝孔颖达在其为《诗经·小雅·巧言》中“奕奕寝庙，君子作之”所做的注疏中，就有“以教护课程，必君子监之，乃得依法制也”②，这里的“课程”指有规定数量和内容的工作规程。而在《朱子全书·小学》中频频出现的“课程”，其含义已经非常接近“功课及其进程”的现代理解。类似的理解在“课程”一词的西文表达“curriculum”中，亦有体现。“curriculum”一词在斯宾塞（Herbert Spencer）的《什么知识最有价值》一文中，意指“教学内容的系统组织”，而其拉丁语“currere”则指“在跑道上跑”，更彰显“课程”一词的动态含义。虽然在历史起点意义上对“课程”的理解相对单一，但随着历史时代变迁、人们知识和价值预设的分歧、所着眼的课程层次等不同，课程一词的含义变得越来越丰富。理论上的分歧对于学科发展而言，是必要的。然而，作为学校课程开发的实践而言，我们依然有必要从众说纷纭的课程定义中，梳理出相对明确的界定。

①施良方.课程理论——课程的基础、原理与问题[M].北京：教育科学出版社，1996：2.

②李学勤.十三经注疏·毛诗正义（上中下）[M].北京：北京大学出版社，1999：758.

《国际课程百科全书》曾列举了九种有代表性的课程定义：

第一，为达成训练儿童和青年在集体中思维和行动而建立的一系列可能经验。(Smity,1957)

第二，学生在学校指导下获得的全部经验。(Foshay,1969)

第三，为使学生取得毕业，获得证书或进入专门职业领域的资格，而由学校提供给他们的教学内容或者具体教材的总计划。(Good,1959)

第四，课程是探索学科中的教师、学生、科目和环境等因素的方法论研究。(Westbury and Steimer, 1971)

第五，课程是学校的生活与计划……一种有指导的生活事业；课程构成人类生活的生气勃勃的活动长流。(Rugg, 1947)

第六，课程是一种学习计划。(Taba,1962)

第七，为了在学校的指导下使学生的个人和社会的能力获得不断地、有意识地发展，通过知识和经验的系统重建而形成的，有计划和有指导的学习经验以及预期的学习结果。(Tanners,1975)

第八，课程必须基本上由五个领域的学科学习组成：母语、文学和写作、数学、科学、历史、外语。(Boster, 1955)

第九，课程被看作有关人类经验的日益广泛的可能的思维方式——不是结论，而是结论产生的方式以及建立这些结构即所谓真理并使之发挥效用的背景。(Beltb, 1965)

分析上述不同的课程定义，从它们的切入视角来看，课程或被理解为学科与科目，或被理解为计划与规划，或被理解为学习经验，或被理解为预期的学习结果。之所以有这些不同的理解，是因为人们在对课程进行定义时，有的是从过程的角度来考虑的，如课程被理解为学生的经验；有的是从结果的角度来考虑的，如课程被理解为预期的学习结果。此外，还有教师视角、学科视角和学生视角的差异，如课程被理解为教学计划，基于的是教师视角；课程被理解为学科与科目，基于的是学科视角；课程被理解为学生的学习经验，则反映了课程定义的学生视角。在这些不同视角的背后，往往都隐含着某些认识论的假设和理性思维的倾向，也有着课程定义层次上的差异。

从课程定义取向上的分歧来看，不同类型的课程定义大致可以分为强调文化精华的学术性取向、强调个体经验的个人化取向、强调适应和改造的社会化取向。强调文化精华的学术性取向认为，由于学校教育的时空限定性，学校教育无法提供所有的经验，而只能精选人类文化的精华，以培养学生的聪明才智。因此，这一取向下的课程，主要形态是以学科为主组织起来的知识体系。强调个体经验的个人化取向则认为，课程应该考虑的主要问题是学生实际掌握或学到了什么，而不是应该教些什么。学生的经验是学生在活动中经由反思而获得的。学生实际做了什么，体验到了什么样的意义，才是最有价值的。因此，这一取向下的课程形态主要以有序列的活动安排为主。强调适应和改造的社会化取向的观点认为，课程在整体社会环境中具有突出的作用，主要表现为适应和改造两个方面，一种强调适应当前社会要求，另一种强调通过课程实现社会变革，创造美好未来。从其课程形态来看，以项目、问题为主进行的学科整合或领域整合是其主要的课程表现形式。

从课程定义层次上的差异来看，不同类型的课程定义还反映了人们在定义课程时所着眼的课程层次有所不同。对此，美国课程专家古德莱德(John I. Goodlad)曾将课程区分为理想的课程、正式的课程、领悟的课程、运作的课程和经验的课程。这些不同层次的课程，对应着不同的课程主体，有着不同的课程运作空间。理想的课程是科研机构、课程专家认为应该开设的课程，更多以设想、计划等形式表现，属于观念层面的课程。正式的课程是由教育行政主管部门以课程计划、课程标准、教科书等形式呈现的规定的课程。领悟的课程则是教师基于自身对课程的理解和阐释而实际领会到的课程，它存在于教师的观念之中。领悟的课程可能会削减或增强正式的课程的影响。运作的课程是在课堂上实际实施的课程，是教师领悟的课程在具体情境中的实际呈现。经验的课程则是学生实际体验到的东西。古德莱德关于课程层次的划分，在一定程度上揭示了课程定义在不同层次上的适应性，有助于我们从课程实践的角度来深入地理解课程定义。

通过上述梳理，我们发现，虽然不同视角、不同层次下的课程定义存在分歧，但其中依然存在某些本质性的理解。首先是课程的目的性。无论课程是被理解为计划、学科还是学生的学习经验，它都带有预期性和目的性的特点，如促进学生身心全面发展、使学生掌握知识等。其次是课程的经验性。课程是学生发展的重要影响因素，也是师生共同作用的对象，无论其是知识性的，还是活动性的，都必然要通过学生的认识或活动转化为学生的个体经验。再次是课程的客观性。虽然课程最终要通过学生的认识或活动转化为学生的个体经验，但这并不意味着课程是一种自我意识或观念。事实上，它更应该是学生认识和经验的对象，是独立于主体之外的客观存在。最后是课程的系统性。课程作为有目的的影响之物，无论其存在形式如何，总有其横向或纵向的序列，有其内在的特定结构。基于此，我们认为，课程是实现教育目标的手段和媒介，其本质是旨在促进学生身心全面发展的教育经验体系。

（二）学校课程：学校空间中的学生活动体系

课程的本质内涵是教育经验体系，这意味着学校课程就是学校依据一定的教育目标所构建的，旨在促进学生身心发展的教育经验体系。然而，这一内涵界定并不能清楚地呈现学校课程的具体外在形态。因此，还有必要在这一内涵界定的基础上，结合我国课程运作的实际情境，进一步对学校课程做出相关澄清。

新世纪我国基础教育课程改革确立了三级课程管理体制。这意味着学校不再是单纯的课程执行者，而应“依据国家和地方制定的课程计划，结合本校的实际情况，制定本校的课程实施方案，并采取切实有效的措施加以落实”[①]。学校一方面可以根据自身的实际情况，对国家和地方的课程计划做适切性的改造；另一方面，在国家课程计划中，为学校预留可以自主创生的

①崔允漷．学校课程规划的内涵与实践[J]．上海教育科研，2005(8)：4－6，20．

课程空间。在我国实际的课程情境中,从纵向上来看,学校空间中实际存有三类课程主体开发的课程,即通常所谓的国家课程、地方课程和校本课程。从横向上来看,国家课程、地方课程通常会以分科课程或综合课程的形态出现,学校自主开发的课程往往既有活动课程,又有分科课程或综合课程。因此,学校空间中又横向存有学科课程、活动课程和综合课程三类不同的课程形态。这些纵横交错的课程在学校中,往往以客观可见的课程计划、课程标准、教科书、课程表、教学计划等形式存在,比如,学校课程设置方案、课程标准的校本化方案、校本课程开发方案、课程实施方案、课程评价方案等。

有必要指出的是,学校的上述方案,只是课程在文本层面的体现。实质上,如果课程要成为促进学生身心发展的经验性体系,必然还要转化为学生的活动。如此,学校课程就有了双重意味:一是以文本形态存在着的,包括课程设置方案、实施方案、评价方案等在内的文本课程;二是以活动形态存在着的,作为学生活动规划的结构化活动序列。从理论上讲,它们一体两面地构成了学校课程的全部。

二、课程开发与学校课程开发

(一)课程开发:形成课程计划的完整过程

在课程领域中,“课程开发”(curriculum development)一词几乎与“课程”一样,具有同等的普遍性。在课程研究领域,“课程开发”这一概念的明确提出大致可以追溯至 1935 年凯斯韦尔和坎贝尔(Caswell. H. L. & Campbell. D. S.)所出版的《课程开发》一书。但实际上,早在 1918 年博比特(John F. Bobbitt)出版的《课程论》一书中,就已经使用了类似的词汇,如“课程编制”(curriculum making)、“课程发现”(curriculum discovery)等。在博比特看来,课程编制类似于科学研究中的发现,应该通过调查法来了解社会生活,从而达成学校教育目标和课程目标的发现。循此传统,泰勒(Ralph W. Tyler)在其代表性的著作《课程与教学的基本原理》中,将“课程开发”推上了研究的巅峰，形成了完整、简洁且有效的课程开发操作模式。美国课程学者派纳(William F. Pinar)曾指出：“课程开发：生于1918年，卒于1969年。”并将此时期称之为“课程开发的时代”①。

课程编制与课程开发虽然有着不同的概念表达，但是其基本的思想主张是一脉相承的，有着明显的源流关系。在大多数课程文献中，课程编制等同于课程目标的确定、课程内容的选择、课程活动的组织以及课程评价程序等方面的技术。在具有典范意义的《课程与教学的基本原理》一书中，泰勒提出了四个经典问题：①学校应该达到哪些教育目标？②如何选择可能有助于达到这些目标的学习经验？③如何为有效的教学组织学习经验？④如何评价学习经验的有效性？这四个问题实质上也是从课程目标的确立、经验选择、经验组织、评价四个方面展开的。就此来看，课程开发实际上就是形成课程计划的完整过程，主要包括确定课程目标、选择和组织课程内容、实施课程和评价课程等阶段。有必要指出的是，在课程开发的经典范式中，并没有明确提出“实施课程”的环节。事实上，在20世纪70年代以前，虽然课程实施是课程开发中一个实质性的阶段，但是作为一个研究领域受到关注，却是在结构主义课程改革运动之后的事情，这是因为人们发现，20世纪五六十年代耗费巨资设计出来的课程，大多被束之高阁，而从未被实施过。因此，将课程实施视为课程开发的一个基本环节，不仅是理论上的需要，更具有强烈的实践意义。

(二)学校课程开发：以学校为主体的课程计划形成过程

学校既是一个空间性的存在，又是一个主体性的存在。将学校视为一个空间性的存在，突出的是课程可以运作于其中，它是课程实际发生的场域。然而，在传统的理解中，学校的存在仅仅是一个空间性的存在。学校只能被动接受来自国家和地方的课程，并加以机械执行。在此意义上，学校存

①威廉·F. 派纳，威廉·M.雷诺兹，帕特里克·斯莱特里，彼得·M.陶伯曼著.理解课程——历史与当代课程话语研究导论[上][M].张华，等译.北京：教育科学出版社，2003：6.

在的意义被局限在执行学校之外的上级管理机构所赋予的课程任务的工具。更准确地说,学校是一个紧扣外在控制目标的执行系统。学校的这一角色定位,我们可以称之为“工具型组织”。就学校作为“工具型组织”而言,它具有如下一些特点:其一,从动力机制来看,学校变革与发展属于外控催生型。学校缺乏内部变革的动机和力量,其变革的力量主要来自外部控制与催动。其二,从组织目标来看,作为工具型组织的学校,是属于理想缺失型的组织。上级管理机构及相关监督部门所确定的目标就是学校发展的全部目标,学校缺乏自己的发展愿景、组织目标和理想追求。其三,从组织运作来看,作为工具型组织而存在的学校主要表现出机械执行型的运作方式。学校只是国家与学生之间的中介,国家通过课程计划、教科书等形式将课程“打包”分发给学校,学校负责毫无更改地将其“解压”给学生。其四,从体系构成来看,工具型组织意义下的学校,其内部构成往往是等级权力型。学校基本上复制了外部行政管理机构的权力运作模式,校长与教师之间的关系主要为“权力－支配”关系,校长承继着源自行政管理部门赋予的权力,教师则成为课程政策的消费者和执行者。显然,作为工具型组织而存在的学校,是缺乏自主行动能力的,无法成为课程开发的主体。

当前教育和课程改革,要求学校超越单纯的工具性存在,从他主的空间存在转向自主的文化存在,成为一种本体性存在。学校不仅仅是课程与学生之间的中介与工具性存在,它本身就是一个文化组织系统。学校作为一个文化组织系统,意味着学校应该有自己独特的文化品性和风格,有自身独特的价值追求,并据此而形成学校的内在的精神气质和外在的行为风貌。和传统作为科层工具性存在的学校相比较而言,以文化本体性存在的学校具有如下一些特点:其一,从动力机制来看,作为本体性存在的学校从他主走向自主,具有课程开发的内发性动力。所谓自主,是“足够允许一个集团解决问题并保持其独特性的独立状态”①。学校在课程开发中的内发性动

①詹姆斯·Q.威尔逊.官僚机构——政府机构的作为及其原因[M].孙艳,等译.北京:生活·读书·新知三联书店,2006:24.

力，在根本上是学校自主性加以保障的。学校自主性的关键所在，是对其亚文化的觉醒和承认。当一所学校能够意识到其所置身的文化情境，并承认其作为亚文化的主体性地位，就意味着学校会产生自身独特的价值追求和使命担当，从而形成圣吉(Peter M. Senge)所说的共同的愿景和激励学校课程变革的内在驱动力。其二，从组织目标来看，作为本体性存在的学校从理想缺失型转向愿景引领型。学校势必会围绕其价值追求和使命担当，在目标层面回应“办什么样的学校”这一关键问题。学校的价值追求和使命在根本上回答的是“学校培养什么样的人”的问题，但其落实在学校组织建设上，就会表征为对“办什么样的学校”的问题的回应，并凝练为学校建设的组织目标。其三，从组织运作来看，作为本体性存在的学校从机械执行型转向合作共学型。在文化本体意义上存在的学校，将从传统的科层制组织中摆脱出来，其组织运行方式亦不再是“专制－服从”，而转变为合作参与、平等共学。事实上，这种组织运作方式，符合学校组织自身的特点。之所以如此，一方面是“底层分量很重的结构”，更多是由具有专业知识和技能的教师专业群体组成的；另一方面，教师是学校课程的实际运作者、实施者，权力共享、合作共学有利于教师日常“行而未觉”的课程行为走向自觉。

学校作为文化本体性的存在，就意味着它将超越工具性存在，亦不再只是作为课程运作的具体空间，而是成为课程开发的主体。学校要围绕“培养什么样的人”这一基本问题，从课程目标、课程经验的选择与组织、课程实施和课程评价几个方面，对学校课程进行全局性、系统性的谋划，以形成学校课程的整体计划。事实上，学校作为课程开发主体的地位，不仅有上述学理层面的支撑，在我国，它更有着政策层面的主张。1996 年 6 月，《中共中央国务院关于深化教育改革，全面推进素质教育的决定》中明确提出：“为保障和促进课程对不同地区、学校、学生的要求，实行国家、地方和学校三级管理。”赋予学校课程自主权，把学校纳入课程管理体制，其目的就是要形成“自上而下”与“自下而上”相结合的双向管理机制来确保课程的适应性[①]。由此可见，在我国当前的课程管理体制之中，学校课程开发是以学校为主体、以教师和学生的课程行为转变、能力提升和课程适应性的增强为目的而进行的学校课程转化形成的过程。它是学校在具体的课程目标的引领下，所进行的对国家课程、地方课程等既定课程的整合、剪裁、转化与补充，并具体表征为学校文本形态的课程计划和活动形态的活动序列。

三、学校课程开发的内在规定性

学校课程开发的上述界定，在本质上是将学校课程开发过程视为一种调适过程。从调适的主体来看，主要是学校内部的相关人士；从调适的客体来看，所指向的则是课程（包括潜在课程）这一客观存在之物；从调适的手段来看，则包括整合、剪裁、转化、补充；从调适的内在机制来看，实则是主体与客体之间的双向改造。

（一）学校课程开发的实质是课程调适

在我国学校课程开发的实践中，人们常常将学校课程开发视为独立于国家课程开发和地方课程开发的一种独立类型，并据此形成国家课程、地方课程和校本课程三种不同的课程类型。这种看法重视的是三类课程之间的区别及其互补，所导致的问题则是三类课程之间缺乏实质联系。

将学校课程开发定位为对国家课程、地方课程进行适切性改造，以适合特定学校对教育情境的理解，强调了学校课程与国家课程、地方课程之间的内在关联，既避免了学校课程在不同类型课程夹杂下的庞大体系与“拼盘式”结构，又能够更好地将国家课程、地方课程的育人追求有效实施于具体的情境之中，有利于发挥课程纲要、课程标准等对学校课程实施的规范作用。

---

①钟启泉，崔允漷，张华．为了中华民族的复兴　为了每位学生的发展《基础教育课程改革纲要》（试行）解读[M]．上海．华东师范大学出版社，2001：391．

将学校课程开发的实质理解为课程调适，是基于国家课程和地方课程与学校教育情境之间存在矛盾的前提，体现了国家课程的普遍性与特殊的学校教育情境之间的矛盾对立的统一关系。为此，既要看到国家课程和学校情境之间的内在统一性，又要注意两者的差异性。

从普遍性的角度来看，国家课程开发的普遍性突出表现为对“国家课程”的彰显。具体而言，在目标追求上，国家课程开发所定位的课程目标，是对我国教育目的和各级各类学校培养目标的具体表达，在育人的方向与规格上，它集中表达了我国教育的根本追求；在适用对象上，国家课程开发是在面向全体学生，实现每一位学生的发展的定位下进行的，它必然要求国家课程对学生的普遍适用性；在开发程序上，国家课程开发通常是基于标准化的课程开发程序而展开的，意在通过科学理性和程序理性，保障课程的科学性。

从特殊性的角度来看，在具体学校教育情境中的学生，有其特定的教育发展需求，亦有学校所置身其中的地方经济社会发展的内在要求，它要求具体的学校课程目标应在国家课程目标的框架里做出适切性的改造。学校课程的特殊性还表现在：学校课程所扎根的文化，作为整体意义上“中华文化”的有机构成部分，它与我国主流文化之间存在着共性，亦有自身的特色。文化是课程之源，课程亦是文化的载体，这同样决定了学校课程的特殊性。学校课程的特殊性更突出地体现在实施层面，课程实施是特定情境下主体参与其中的实践过程，任何主体的介入都意味着情境的改变，难以依赖于统一的程序。

国家课程与学校教育情境之间的矛盾统一关系决定了对学校课程开发进行调适的必要性与可能性，也从根本上决定了学校课程开发不是在国家课程开发之外的独立行为，而是在国家课程开发的整体框架内进行的课程适应性改造活动，它更接近于有学者所指出的“国家课程的校本化实施”[①]范

①徐玉珍. 论国家课程的校本化实施[J]. 教育研究，2008(2)：53－60.

畴。将学校课程开发定位于此，是基于我国课程管理体制的特点和我国不同地区、不同学校中教师课程开发能力的差异性的现实。换言之，将学校课程开发视为在国家课程开发整体框架下的调适过程，更有利于彰显国家课程在文化传承中的核心地位，也有利于不同学校在不同广度与深度上进行课程调适，降低了学校课程开发的难度。

（二）课程调适的内在机制是主客体双向改造

学校课程开发作为基于学校教育情境的国家课程调适过程，其主体是学校内部人士，亦即校长、教师和学生群体，其改造的客体则是进入学校的国家课程和地方课程，以及地方文化、学生个体经验等潜在意义上的课程。课程调适的机制所反映的正是主体、客体和学校教育情境等要素之间的相互作用关系。

从主体与客体的关系来讲，学校课程开发的内在机制是主客体之间的双向改造。一方面，作为学校课程开发主体的校长、教师和学生基于自身的个体经验和教育体验，实现对国家课程、地方课程和地方文化的意向性改造。经此改造，国家课程、地方课程和地方文化等转变为学校不同层面的课程产品，比如，学校的课程方案、教师的课程计划、活动方案、教案和学生个体的经验课程等。另一方面，国家课程、地方课程和地方文化等也以其内在蕴含的教育价值追求、思维方式、逻辑关系等对处于学校情境中的校长、教师和学生主体实现着“客体主体化”的改造，进而增强不同主体的智慧与能力。比如，校长在对课程进行改造的同时，亦在变革并建构着自身的教育哲学；教师在进行课程改造的同时，亦在形成和发展着自身的专业能力。可以说，主体的教育智慧投射于作为客体的课程，课程亦以其蕴含的价值、思维等作用于作为主体的校长、教师和学生，主体与客体之间相互交融，这是学校课程开发作为调适过程的内在机制。

学校课程开发调适的机制还表现为主体与具体教育情境、客体与教育情境之间的相互作用关系。学校教育情境是学校所处位置及其利益关系的系统表达，它凝练地表现为学校的教育哲学，即对追求什么样的教育、办什么样的学校和育什么样的人这一系列问题的集中回答。学校教育哲学正是学校处于不同位置（社会位置和地理位置）、基于不同的利益关系而形成的。虽然主体是学校情境中的主体，作为课程的客体亦是进入学校情境中的客体，但必须看到的是，无论是校长、教师、学生，还是国家课程或地方课程，在进入学校教育情境之后，亦有其自身特定的位置及利益关系，即有其潜在的价值观念和行为方式。学校教育情境正是在这些不同主体和客体的介入中，不断建构并更新着自身的情境。为此，发现不同主体和客体所持有的价值观念，并通过恰当的方式使之获得融合，亦是学校课程开发作为课程调适的重要机制。

在学校课程开发的诸多要素所形成的相互关系中，既有主体基于其价值、智慧而进行的协商、调和与创造，又有不以主体意志为转移的客观存在之物，诸如知识内在的逻辑关系、学生发展的规律等。因此，学校课程开发的调适活动，既是展现主体意志、目的与价值的过程，是合目的性的主体行动，又是彰显客观规律，遵循客观规律的合规律性的行动。可以说，学校课程开发调适的内在机制，充分体现了学校课程开发作为美学实践的本质特性。

（三）课程调适依赖于立体的方法论建构

学校课程开发作为主体与客体之间相互作用的活动过程，还依赖于主体与客体之间交互的方式，这构成了课程调适的方法。然而，学校课程开发中主体的复合形态及客体的复合形态，决定了课程调适的方法不是单一的，而是复合的立体形态。

学校课程开发方法的复合立体形态首先表现为课程调适行为的层次性。如前所述，学校课程开发实质上可以理解为国家课程的校本化实施过程，国家课程和地方课程进入学校，在不同层级面临着不同目的和指向不同对象的转化。在整体的学校层面，是关于国家课程和地方课程的选择、组织与转化而形成学校课程方案的过程，更倾向于学校课程的整体规划；在教师层面，更倾向于课程内容的剪裁、整合、补充等，侧重于课程内容的组织与优化；在学生层面，则是课程转化为学生经验课程的具体过程，其方法更倾向于创生。

学校课程开发方法的复合立体形态还表现为课程调适行为的综合性。学校课程调适行为的综合性是由国家课程、地方课程和学校教育情境之间多种矛盾冲突决定的。国家课程、地方课程和学校之间的矛盾冲突首先表现为国家课程、地方课程的相对丰富性和学校教育简约性需求的内在冲突。基础教育课程改革以来，随着课程权力的下放和学校教师课程意识的普遍觉醒，学校外部的课程供给相对丰富。丰富的课程供给与学校教育的简约性之间存在的冲突，决定了学校课程开发要从丰富的课程供给中择宜、裁剪。国家课程、地方课程和学校之间的矛盾冲突还表现为国家课程、地方课程的学科知识逻辑和学生发展的实践逻辑之间存在的冲突。这决定了学校课程开发必然要寻求学科知识和学生生活、社会实践之间的整合，亦要在不同的学科之间寻求整合，以促进学生的全面发展。此外，国家课程和地方课程的计划性、预成性和学生发展的生成性之间存在的矛盾冲突，亦要求学校课程开发在方法体系上进行课程创生。可见，学校课程开发的方法体系是由剪裁、整合和创生共同构成的。

学校课程开发方法的复合立体形态也表现为课程调适是由价值取向和主体行为共同构成的。主体所采用的调适方法背后蕴含着主体的价值取向和认知观念，或者更进一步地讲，课程调适的方法是由主体的价值观念和行为方式共同构成的，主体的价值取向和认知观念深层次地影响着主体的行为方式。主体如何看待课程、如何理解学生以及如何理解自我，都会对主体的行为方式产生不同的影响。在学校课程开发的实践中，很多学校内部人士倾向于将国家课程看作制度化的课程文本，以至于缺乏对国家课程进行相应调适的勇气，或缺少关于自我体验的内在审视，使学校课程开发在国家课程的机械实施和所谓“校本课程”的无序开发中，徒有其形。还有不少学校内部人士更倾向于将课程视为文本课程，重开发而轻实施，未能彰显课程的实践意蕴，以致学校课程开发成为所谓“校本教材”的开发过程，但所形成的“课程”又往往被束之高阁，这显然和学校课程开发主体立基于“理论阐释”而忽视课程实践意蕴不无关联。

学校课程开发正是在这一立体的方法体系中，通过课程主体与课程客体之间的交互作用，使学校课程在适切性的达成中，实现主体与课程的和谐共生。由此，我们可以看到，学校情境中不同的课程主体在不同的层面，以不同的方式实现着课程的改造，亦在主体意向性的显现中，追求着课程的真、善、美。然而，将这种追求落实于实践之中，还需要进一步探讨其背后的知识假定与价值追求。

第二章　学校课程开发知识论

学校课程开发从其外在表征来看，有两种形态：一是文本形态的课程计划，二是活动形态的活动序列。表面上看，无论是课程计划的形成，还是活动序列的安排，更多是形式方面的安排，比如目标的确定、活动的安排与组织、对评价问题的考虑，等等。甚至在某种意义上，由于学校课程开发要更多考虑学生的发展需求和兴趣，会更倾向于以更加广义的"经验"替代"知识"，以彰显学校课程开发与国家课程开发之间的不同。因此，在学校课程开发的既有探索中，知识问题并没有引起充分的重视，甚至是被刻意地回避了。然而，就课程及课程开发而言，缺乏知识层面的思考，课程开发活动将会因为根基的缺失而变得零散、肤浅。

第一节　知识:学校课程开发的重要依据

在教育发展的历史上,知识与课程的关系始终是人们探讨与关注的焦点。每一次课程领域的改革,无不伴随着人们对知识与课程关系的全新理解和阐释。这不仅是因为知识是课程承载的主要内容,是课程的基本构成,课程选择、组织并传播着知识,梳理、选取、编排和评价知识体系是课程开发的重要领域。更是因为,知识构成了人类合理有效开展实践活动的基础,人类社会实践方式、范围、对象的诸多变迁,又反过来要求课程在知识的选择、组织、生产及传播方式上发生种种变革。课程改革的历史扫描,将会清晰地呈现知识与课程的此种联结。

一、理论的依据

(一)知识与社会实践的紧张关系是课程改革的重要原因

每个时代都有属于自己的特定社会实践,而不同时代的社会实践又对人们应该具有的知识产生着不同的诉求,并因此引发、加速或推动着课程改革。杜威在1979年的《学校与社会》中指出:“任何时候我们想要讨论教育上的一个新运动,就必须特别具有比较宽阔的或社会的观点。否则,我们会把学校制度和传统的变革看成是某些教师的任意创造。最坏的是赶时髦,最好也只是某些细节上的改善——这就是我们通常过于习惯地用来考虑学校变革的那些观点。这好比把机车和电报机看成是个人的发明一样。教育方法和课程正在发生的变化如同工商业方式发生的变化一样,乃是社会情况改变的产物，是适应正在形成中的新社会的需要的一种努力”①。这一论述至少表明，课程与社会变革之间存在某种紧密的关联。人类社会实践作为一种有目的、有意识地改造客体的活动，它依赖于知识。在课程与社会之间，实践与知识充当其发生关联的“中间物”。相关研究指出：“人类要想合理、有效地开展实践活动，就必须具备相关的知识，如与目的辩护有关的形而上学和哲学知识，特别是哲学中的价值理论（know－why）；与实践对象有关的事实性知识（know－what）；与实践主体及其组织形式有关的社会学、心理学、政治学、管理学等知识（know－who）；与实践技术有关的技术性和规则性知识（know－how）；与实践时间和地点有关的文化知识（know－where）、历史知识（know－when）；等等。”②由此可见，社会实践对课程所提出的挑战，以及课程对社会实践的适应，在很大程度上表现为课程中知识与社会实践的紧张关系。正因为此，知识领域历来是课程改革的关键所在。无论是斯宾塞“什么知识最有价值”这一客观式的提问，还是阿普尔“谁的知识更有价值”这一带有主观色彩的追问，无不反映着知识之于课程的核心意义。

在原始社会的教育中，以“原始知识型”为主体的课程知识因其满足了人们对自然界风雨雷电、生老病死、暑去冬来、吉凶祸福等自然、社会和人文现象的好奇、恐惧及解释的需要，满足了人们通过分享相同的神话而构建超越血缘的社会关系的需要，从而成为当时课程知识的不二选择。当人类社会步入原始社会末期，随着生产经验的积累和随之而来的生产力的提高，因为所创造的剩余生活生产资料为部落首领占有而形成的私有制的出现，阶级对立、剥削、压迫和奴役，挑战了“原始知识型”中神所启示的有关平等、相同的权力、义务与财富。如果想使这样一种带有不平等性质的社会关系获得合法地位，就需要一种新的学说或知识体系。在此背景下，无论是当时的统治阶级，还是原始知识分子，都迫切希望能够抛弃“泛灵论”或“万物有灵

①约翰·杜威.学校与社会·明日之学校[M].赵祥麟，任钟印，吴志宏，译.北京：人民教育出版社，1994：27－28.
②石中英.知识转型与教育改革[M].北京：教育科学出版社，2001：4－5.

论”，建立起本体论意义上的知识体系。“形而上学知识”成为时代最有价值的知识，并由此影响着教育与学校（私学）的课程。无论是西方柏拉图的《理想国》中所明确提到的将艺术家（指戏剧家，因为他们所创作的戏剧充斥着原始神话）逐出雅典，还是孔子在自己的教育中对“怪、力、乱、神”和“生产知识”的排斥，都表明着知识与社会实践之间的紧张关系对课程改革的催动。及至16世纪以降，随着资本主义工商业的发展，科学知识在日常生活与生产中发挥的作用日益显著，以科学知识为核心的“现代知识型”不断挑战着“形而上学知识”在学校课程中的地位，这在19世纪英国关于科学课程设置的争论中表露无遗。赫胥黎（Thomas H. Huxley）、斯宾塞正是其中杰出的代表。面对斯宾塞“什么知识最有价值”的经典提问，19世纪英国社会的发展给出了有力的裁决：科学！因此，到19世纪80年代末，科学课程逐渐从边缘走向中心，成为学校课程体系中的核心课程和必修课程，而古典人文学科或被大量减少课时，或被整合进科学课程之中。类似的情况在我国清末民初的课程变革中同样存在。19世纪末至20世纪初期，“实科”类课程在“中体西用”的课程架构中，仅仅是处于“用”的从属地位，而到了20世纪20年代，社会实践就已经证明了“科学知识”的地位。在1923年的课程改革中，课程已经基本上是依据近代以来科学的分类体系进行架构的，而早期诸如“读经讲经”“修身”类的课程，或消亡，或整合，已经被融合进了现代科学的话语体系之中。

（二）知识的反思与批判是课程开发的重要依据

从上面的讨论中可以看出，在不同的历史时期，课程都会遭遇到属于那个时代的知识与社会实践之间的冲突与矛盾。对特定时代知识和社会实践之间存在矛盾的反思与批判就成为课程改革的重要依据，也是每个时代进行课程开发的基本准绳。从历史的角度来看，不同时代、不同形态的课程开发就是对知识重新理解与建构的过程。对知识的反思与批判，不仅会影响着课程内容的选择，更会整体地影响着课程目标的确立、课程实施方式的选择和课程评价取向的选取。现代课程发展的历程清晰地显示了这一脉络。在现代教育图景里，夸美纽斯(Jan A. Komensky)带着“把一切知识教给一切人”[①]的理想，提出了“百科全书式”的知识教育，也就是要将人类知识的精粹教给一切人的教育理想。在夸美纽斯为各级各类学校拟订的课程中，除了传统的学科之外，在国语学校以民族语文代替拉丁语，增加自然、历史和地理常识；在拉丁语学校增开物理、地理、历史等学科。夸美纽斯的课程开发活动，是建立在对传统知识古旧、烦琐、偏狭批判与反思的基础之上的。这一带有鲜明理性主义色彩的知识观及其影响下的课程开发，在实用主义知识观的反思与批判之中，具有了不同的样貌。基于实用主义知识观，知识的确立既不诉诸主观的理性形式，又不依赖于客观的感觉与经验，而是诉诸其有效性。个体的日常生活经验以及具体的实用性知识由此成为课程的出发点，并造就了以儿童活动为中心的活动课程。

这一观点显然并不为结构主义课程理论的代表人物布鲁纳(Jerome S. Bruner)所认同。布鲁纳曾这样写道：“如果知识是值得掌握的话，知识的统一性就必须在知识本身里面能够找到。像杜威那样企图从教材对儿童社交活动的关系来论证教材，就会误解知识是什么和知识怎样才可以被人们掌握……数学和其他学科一样，必须从经验开始，但是要进展到形成抽象的概念就需要脱离表面经验的显而易见性才行。”正是由于布鲁纳对知识内在逻辑的尊重，强调知识领域的独立性，强调知识的学术性、理论性，结构主义课程理论一反活动课程论以儿童日常生活经验为起点的做法，将学科结构置于课程的中心地位，并形成了“学术中心课程”的理论流派。事实上，只要我们粗略地对课程理论及其变革的实践历程进行扫描，就不难发现，知识的反思与批判，始终是课程变革的重要依据所在。缺乏知识反思与批判的课程变革，就如同汪洋大海中的一叶扁舟，因缺乏既定的彼岸及通达彼岸的路径而显得盲目。

---

①夸美纽斯.大教学论[M].傅任敢，译.北京：人民教育出版社，1984：3.

（三）学校课程开发是知识观转型的必然结果

学校课程开发一般被视为和国家课程开发相对应的一种课程开发策略，或一种课程开发模式。从历史角度来看，学校课程开发缘起于"中心本位"的课程开发模式的弊端，即对具体的学校教育情境的忽视及由此造成的课程"搁置"。但事实上，国家课程开发在具体教育情境中的"失效"，也可以从知识方面获得更深刻的理解。一方面，它实质上表征着学科课程所承载的"客观知识"在具体教育情境中的解释力的缺乏。正是因为具有普遍意义的"客观知识"无法在具体的教育情境中生发成为与学生个体生活与实践相关的、有意义的符号体系，国家课程开发的效力才会受到质疑。另一方面，学校课程开发的兴起及其实践也意味着，那些看似客观、中立、普适的知识，必然具有可以在具体情境中获得转化、辩护的可能。换言之，只有当知识本身具有地方性特征时，学校课程开发才可能真正获得其存在的前提。事实上，在人类文化学的相关研究中，吉尔兹（Clifford Geertz）所提出的"地方性知识"的观念，已经广为人们所接受。地方性知识是一种与地域和民族的民间性知识和认知模式相关的知识。此后，劳斯（Joseph Rouse）更是在科学实践的意义上，将"地方性"视为一切知识的普遍特性，由此揭示了知识的情境依赖性。可以说，正是知识的情境依赖性，构成了学校课程开发的知识基础。国家课程开发以一种"去情境化"的方式，使知识以标准的姿态，通过教科书的方式获得传播。学校课程开发恰恰就是要恢复这些被标准化了的"知识"，使其在具体的教育情境中，构成师生有意义的教育生活。在此意义上，学校课程开发是知识观转型的必然结果。

二、现实的依据

对学校课程开发的知识基础做出探讨，不仅是因为从理论层面而言，知识是课程变革乃至学校课程开发的重要基础，更是因为，在实践中，一方面，缺乏知识观照的学校课程开发正陷入"无知识"的困境，使学校课程开发在统整、深化等方面存在问题；另一方面，学校课程开发在面对大量的“知识”时，难以有效地实现知识选择，形成了学校课程开发中的知识选择困境。这两方面的问题使学校课程开发内外交困，对这一现实困境的突破，也需要我们对学校课程开发的知识基础做出探讨。

（一）缺乏知识观照的学校课程开发困境

虽然学校课程开发有着理论上的深层动因，和知识观的转变有着深刻的联系，但在学校课程开发的实践中，知识问题却往往被存而不论，学校课程开发对知识问题的忽视和回避，造成了一系列学校课程实践中的困境。

首先，对知识问题的忽视和回避，势必会造成学校课程的零散和割裂。很多学校在进行课程开发活动时，之所以会忽视和回避知识问题，是因为他们在根本上假定了“国家课程－学科－知识”和“学校课程－生活－经验”的对应关系。国家课程被视为学科和知识的代名词，学校课程开发自然就只需要在知识以外，开设以学生体验为主的活动，使学生获得经验即可。由此导致的结果，往往是学校课程开发中，学生活动数目繁多，但缺乏内部的整合。比如，有小学以“五色花”为学校课程的基本架构，将课程分为育心课程、育人课程、文化课程、探究课程和智慧课程五个板块。其中，育心课程包含心理游戏、思维训练、快乐剧场、感统训练、心理 DIY 等；育人课程包括红色之旅、新闻社团、校园礼仪等；文化课程包括传统文化、走进汉陶、魅力汉字、聆听汉乐等；探究课程包括机器人、金钥匙、自然探索、数学世界等；智慧课程则包括手工制作、英语风采、电脑绘画、运动健康等。① 在这样一份学校课程清单中，我们不难发现，一方面，所谓的“校本课程”是在国家课程之外，寻求异质的结果，学校所进行的课程开发，是在国家课程开设的内容以外，求异的结果。因此，学校课程开发几乎不涉及和学科、知识相关的内容。另一方面，学校课程开发所涉及的诸如心理健康、艺术体育、传统文化等繁多

---

①姜建兰．以“五色花”校本课程助推学生心智成长——以江苏省徐州市大屯矿区第一小学为例[J]．江苏教育，2018(64)：56－58，62．

的活动内容,其内部是否存在彼此相互牵连的逻辑关系,显然是一个值得探究的问题。事实上,从课程组织的意义上来看,课程必然要形成经验的累积效应,才能真正促进学生发展。

其次,对知识问题的忽视和回避,势必会造成学校课程的肤浅化和表层化。学校课程开发作为面向现实教育情境中学生发展的课程开发活动,理所应当地要考虑课程开发的组织中心、教学内容和学生的能力表征。换言之,学校课程开发应该明确回应"为什么教""教什么"以及"如何教"这三个基本问题。就这三者而言,它们都和知识密切相关。缺乏对知识问题的关切,学校课程开发往往会造就一种"拼盘式"的课程,这种课程因缺乏内在有机的联系而显得表层化。比如,有的学校在学校课程的实施中,会有大量的户外活动和参观考察之类的项目。客观而论,户外活动和参观考察,自然是具有教育价值的。然而,如果一个户外活动只有短暂的十几分钟,或是陷入走马看花式的"体验",学生所能获得的,只有片断的、零散的经验。只有在长时间的现场活动和具体情境中,使学生获得的经验和抽象的知识之间发生互动,才能够使深度学习得以发生。但由于学校课程开发一方面刻意回避了抽象的知识,使课程实施成为知识缺场的教育时空,另一方面,又在学生快乐学习的期许中,使学生的学习成为肤浅化、表层化的体验,学生收获的只有零散的经验,而缺乏经验和知识之间的交汇融合。当学校课程开发将知识纳入其考察的基本框架之中时,它就必然地要思考知识和经验、知识和学生发展之间的转化生成关系,学校课程实施中的深度学习将因此得以发生。

再次,对知识问题的忽视和回避,势必会造成学校课程评价的阙如。事实上,当前的学校并不缺乏评价,甚至在学校课程开发的整体背景下,学校课程评价还呈现出多元的态势。但问题恰恰出现在对"多元"片面的理解之中。由于学校课程开发缺乏如前所述的统整和深度,因此,所谓的多元评价往往只关注表层形式,而缺乏实质的内容。一些学校所提倡的多元评价主体,不仅包括传统意义上课程评价的主体教师,更包括了家长和学生。但因为课程评价中没有了知识意义上的评量，所谓的多元评价，一方面表现为以学生的兴趣、爱好、特长的满足为鹄的，另一方面则表现为以个体的主观感受为评价依据。在学校课程开发的实践中，学生是否获得了知识，是否进行了深度学习显然不是学校课程开发最为关切的事情，甚至是学校课程开发拒斥关切的事情。学校课程开发更为关切的问题，是诸如学生快乐、家长满意和社会反响好等一系列主观层面的感受。表面上看，课程评价是存在于学校课程开发的事务之中的，甚至其所倡导的“多元”评价主张，也在某种意义上代表着课程评价的发展方向，然而，当评价的标准阙如、评价的对象为主观感受、评价的形式为自我评价时，这样的评价实质上可能是不足的，至少是缺乏实质意义的。

学校课程开发缺乏统整、深度不足、评价阙如的现实困境，表面上看，是因为教师缺乏课程开发的技术，但问题实质上是源于我们习惯于将学校课程开发和知识所做的互不搭界的处理。因此，还需要进一步分析学校课程开发中知识旁落的原因。

(二)学校课程开发中的知识选择困境

自三级课程管理体制建立以来，学校课程开发在我国已经走过了十几年的风风雨雨，有成绩、有困惑、有曲折，可以说是经验与教训并存。就现实而言，依然存在许多困境阻碍着学校课程开发走向深化，而这些困境的根源在于知识基础的语焉不详。之所以做出这一论断，是因为：

其一，就学校课程开发中知识选择的价值主体而言，教师缺乏真正的选择权。教师在学校课程事务中缺乏决策权、监督权与评价权，只能服从行政命令，机械执行，按章办事，其课程知识选择往往被校长意志所左右，学校课程开发成为“校长的课程”；在技术化的课程开发活动中，课程知识的选择成为专家意志的体现，学校课程开发成为“专家的课程”。如有学校为开设“闽南文化”的校本课程，需要编写与之相关的校本教材，教材编写的整体结构由闽南文化专家指导与统筹，结果教师只能在文化专家的框架内做资料搜集、整理与填充的工作。① 由此而形成的"校本教材",虽有逻辑严密的闽南文化知识体系,但由于教师的知识选择所体现的仅仅是文化专家的意志,遵循的是学科逻辑而非学生的心理逻辑,它究竟能在多大程度上适应不同学生的发展需求,展现学生的主体性,使学生真正学有所获,显然有待进一步考量。教师囿于专业个人主义,凭一己经验或专长进行校本课程的知识选择,在学校课程开发中片面强调"单兵作战",单纯依据自己的经验与专长来进行知识选择,使学校课程开发成为"教师的课程",这集中表现为当前很多学校教师开发的学科类校本课程,如语文教师开设诗词鉴赏校本课程,体育教师开设游泳校本课程等,并未真正考虑学生的发展,也没有展现学校及周边富有特色的地方性知识,遮蔽了知识的情境意蕴,丧失了校本课程的独特价值。凡此种种,根本的原因在于学校层面未能厘清学校课程开发所要开发的"知识"究竟是何种性质的知识、是谁的知识及是为谁而开发的知识。

其二,从知识选择的客体来看,教师受制于普适性知识与境域性知识双重逻辑的制约,使得学校课程开发中的知识选择突出表现出去境域化、浅层化和窄化的倾向。一方面,教师受制于知识的普适性逻辑,忽视学校课程开发中知识选择的境域性,使校本课程知识主要为一些事实性材料的集合,割裂了知识与特定历史文化传统、特定生活现实的联系。如有学校因其校内有"府学历文庙"的文化资源而开发了"国学"校本课程,课程知识选择以"四书""五经"中的经典章句为主要来源。② 这种对国学经典的片断式采撷,不仅割裂了国学知识特定的历史文化情境,也未能体现与实际生活的联系,实质上是基于普适性逻辑而做出的知识选择。另一方面,在学校课程实践中,虽然有教师意识到了富有地域特色的知识的独特价值,并能够在"求异"的思维中展现校本课程与国家课程在知识上的不同,但由于其对境域性知识理解上的偏差,易使学校课程开发的知识选择浅层化和窄化。浅层化主要

①陈文强,许序修.立基地域文化的校本课程建设探索——以福建厦门双十中学《闽南文化》课程为例[J].中国教育学刊,2010(7):34－36.

②陶继新.《国学》:校本课程的一枝奇葩——济南市大明湖路小学国学教育述评[J].当代教育科学,2003(10):11－13,32.

表现为学校课程开发的知识选择，无视存在于学校及所处社区生活中丰富的境域性知识，仅剪裁易吸引人眼球的"文化片断"，使得很多知识实质上是一些浅显的"文化符号"，缺乏深层的文化内涵。如地处成都的学校就开设"蜀绣"校本课程，地处苏州的学校就开设"苏绣艺术"校本课程等，这些静态的"知识符号"究竟能在多大程度上体现并代表学校及其所处社区的真实文化，并有助于学生的发展，显然很值得怀疑。窄化主要表现为学校课程开发的知识选择，将"境域"狭隘地理解为地理学意义上的"地域"，将学校课程开发的知识选择局限于特定的地理空间，而未能在一种全局立场与视域的层面上对学校及其所处社区的各种知识做境域性转化，其结果自然容易造成知识选择范围的窄化。

其三，从知识选择的方法来看，理论思辨式、经验总结式、延伸拓展式的知识选择方法难以展现校本课程应有的特色与个性。所谓理论思辨式的知识选择方法，就是指依据一定的课程理论、心理学理论和相关的专业知识，抽象地讨论某种知识作为校本课程内容的价值，进而大体框定校本课程内容的做法。上述"闽南文化"校本课程的知识选择，即属于此种方法的运用。经验总结式的知识选择方法是教师运用其日常课程教学活动中积累的经验，以想当然的学生需求和兴趣为出发点，从自己熟悉的领域或是专长中选择相应的知识，作为校本课程的内容。这种方法突出地表现在"教师的课程"这一校本课程样态中。延伸拓展式的知识选择方法是教师基于国家课程或地方课程的相关知识领域，通过对其进行增补延伸，确立相关知识作为校本课程内容的做法。基于这一方法的知识选择，实质上是对校本课程相关学科课程的巩固加强。如诗歌鉴赏是语文学科的重要内容之一，但有教师鉴于教材中诗歌知识的不系统性和学生在实际考试中的表现，开发了"古代诗歌鉴赏"的校本课程，并将不同风格的诗歌、诗歌的发展脉络、历代诗评作为其主要的课程知识。① 毋庸讳言，无论是理论思辨式、经验总结式，又或

①张志祥.高中《古代诗歌鉴赏》校本课程的开发与反思[J].语文学刊，2008(6)：58－59.

者是延伸拓展式的知识选择方法，都与学校课程开发的基本规范相悖，缺乏科学性，既没有关注学生具体的、有差异的发展需求和兴趣，又没有切实地立足学校，选择富有特色的地方性知识作为课程内容，以彰显校本课程本应具有的个性。

综上而言，学校课程开发出现诸如缺乏统整、知识浅化、评价阙如以及在知识选择上的一系列困境，实则是因为对学校课程开发的知识基础这一理论问题缺乏统一认识。澄清学校课程开发的知识基础，是学校课程开发深化的必然要求。

第二节　学校课程开发困境的知识检讨

一、学校课程开发困境的知识表征

从知识的角度来看，学校课程开发出现的一系列困境，根本上是因为缺乏对知识基础的探讨，以致学校课程开发和地方课程开发、国家课程开发处于相互割裂却又彼此叠加的状态。学校课程开发和地方课程开发、国家课程开发错乱失序的状态，使学校课程开发不能"为己所欲为"，丧失了独立的品质，遮蔽了其意义。因此，有必要从知识基础的角度，进一步探讨学校课程开发的困境之源。

（一）以"地域"之名制造知识类型

学校课程开发和地方课程开发、国家课程开发并列而论，而"学校""地方"和"国家"又显然带有地理空间的意义，因此，人们往往习惯于在地理空间的意义上给学校课程开发、地方课程开发和国家课程开发划定边界。于是，学校课程开发无非就是围绕学校的办学历史与传统、学校所在"社区"的自然资源和文化资源等，展开知识选择与组织以形构课程的活动。地方课程开发就是围绕地域文化、地域特色而展开的课程开发活动。在实践中，很多学校都习惯于从地方历史遗迹、地方名士、民俗风情及方言艺术等地域文化中进行知识选择。诸如此类的做法，显然是在"地理空间"的意义上，将普遍性的"国家知识"与地域性的"地方知识"做了二元区隔，从而人为地在校本课程开发与凝结着普遍性知识的国家课程之间制造鸿沟，并实然地将"三级课程"看作存在对立、主次关系的"三类课程"。

客观而言,知识确实具有“地方”的属性。格尔茨(Clifford Geertz)关于巴厘岛斗鸡的描述,就很能说明知识的地方性。格尔茨发现,在巴厘岛,斗鸡与男人之间存在着一种隐喻。他认为,在搏斗场上搏斗的表面上是公鸡,实际上是男人,因为在巴厘岛,男人和雄鸡之间有着深刻的、明白无误的心理认同,日常道德说教的语言有很多用雄鸡的意象指涉男性。“Sabun”这一用以形容雄鸡的词语,被隐喻地用于表示“英雄”“勇士”“冠军”“有才干的人”“政治候选人”“单身汉”“花花公子”“专门勾引女性的人”“硬汉”等与阳刚、勇敢、权力、色情等相联系的男性气质、男性性格。然而,巴厘岛的男人与公鸡的亲密并不仅仅是隐喻的,将雄鸡看作男人自我的象征性表达或者放大,还有一个更为直接的表达,则是巴厘岛人审美地、道德地和超自然地将其视为人性的直接翻版:动物性的表达。在此,格尔茨将一种让外人感到茫然的、毫无意义的、充其量只是巴厘岛人赌博好胜的游戏行为的斗鸡与巴厘岛人的普通生活、艺术表现、伦理道德以及信仰之中的禁忌、心理等联系了起来,揭示了一种社会性的仪式行为背后所具有的人类深层的文化心理,展示了一种不同于西方社会的本土知识的景象。

知识的地方性似乎为学校课程开发乃至地方课程开发提供了可能的知识基础。然而,仅仅从局限于地理空间意义上的“地方”来认识学校课程开发的知识基础,势必会造成学校课程开发中知识选择上的无所适从。究其原因,主要有两个方面:其一,如果国家、地方和学校的课程开发,是因为存在普遍性知识和地方性知识的类型区分,国家课程开发对应着普遍性知识,地方课程开发对应着地方性知识,那么,学校课程开发又该对应何种知识呢?如果学校课程开发所对应的是学校及其周边地理空间意义上的“知识”,那么,这种知识与地方课程开发、国家课程开发所涉及的知识,是否存在明确而清晰的边界呢?其二,从知识的意义上来讲,源自地方的知识,有可能成为普遍性知识,而普遍性知识,从其发生源头而言,又势必源自地方。因此,是否存在地理空间意义上的“地方性”知识,显然是个值得考量的问题。正因为上述两方面的原因,很多学校在进行学校课程开发活动时,刻意回避"知识",究其根本,是对地理空间意义上的知识理解过于狭隘,致使学校课程开发缺少了必要的开发"对象"。一些学校在学校课程开发中,刻意规避国家课程和地方课程中的相关内容,力图在国家课程和地方课程之外,以"异"求"新",其结果是整个学校课程体系的内容庞杂、名目繁多、缺乏整合。

(二)以"先验"之名假定知识价值

课程开发必然涉及知识的选择和组织。甚至从某种意义上来讲,课程开发的核心工作就是知识的选择和组织。对学校课程开发而言,学校作为课程开发的主体,一方面,它表征着课程权力的下移,意味着学校有更多自主的权力和空间进行知识选择的工作;但另一方面,它也要求学校承担更多的责任,意味着学校要更加审慎地进行课程知识的选择。因此,学校课程开发更加旗帜鲜明地要求学校对知识的价值做出辩护与确证。然而,从现实来看,大量的学校在学校课程开发中,很容易在一种狭隘的"地域"的观念中,在"地方保护主义"的思维方式中,先验地假定知识的必然价值。其结果要么是所选择的知识难以超越地域的限制,无法显现出知识价值的普适意义;要么是所选择的知识本身就可能带有负面、消极的倾向,难以发挥学校课程对学生发展的促进作用。

知识的价值问题似乎是不证自明的。尤其是自近代以来,随着培根"知识就是力量"的口号获得普遍认同,认为知识可以用来增强人的能力,进而能够实现人类的幸福和进步的传统知识观就此确立。然而,这种关于知识普遍有效的观点,实质上是和知识的表征主义相互关联的。知识表征主义在根本上将知识视为对客观世界及其规律的"摹写"和"反映",在这一"摹写"和"反映"的过程中,认识主体与作为认识对象的客体之间,是一个"反映"与"被反映"的二元关系结构。正是因为在主体对客体的认识过程中,主体以纯粹理性实现着对客观世界及其规律的"表征",因此,知识就是关于不以情境和人的意志为转移的客观规律的认识,具有普遍有效的解释力。在此理解下，知识的价值就具有先验性。一旦知识得以产生，其价值就先验地内在于知识之中，且无需再接受进一步的论证和辩护。

学校课程开发的出现，本身就意味着知识伦理的重建。学校课程开发为各种知识携手进入课程体系提供了可能和机遇，“尊重地方性的本土知识”是学校课程开发的出发点和显著特征。正因为此，学校课程开发历来倡导对“本土文化”“本土知识”的撷取，并被赋予了深厚的本土文化意蕴。然而，这并不意味着各种打着“本土”和“地方”名号的知识就可以堂而皇之地进入学校课程之中。从局限的“地方”而言，那些在地知识固然影响甚至指导着当地人祖祖辈辈的生活与生产，但如果将“地方”置于一个更为广阔的社会空间之中，维系地方性生活方式的在地知识往往会暴露出其保守性和不适宜性。美国人类学家刘易斯(Oscar Lewis)在《五个家庭：贫困文化的墨西哥个案研究》一书中，所呈现的对贫困文化的理解，如强烈的宿命感、缺乏远见卓识、不能在广泛的社会背景中认识他们的困难等，事实上展现了地方性知识所存在的价值危机。在学校课程开发中，如果学校缺乏对这些在地知识审慎的价值选择，亦缺乏在实施过程中的价值辩护，先验地赋予这些在地知识以价值，势必会造成学校课程事实上的知识贫乏。

(三)以“文化”之名撷取知识符号

课程与文化有着天然的联系。文化是课程之母，课程又是文化的载体。正因为此，学校课程开发不可避免地被赋予了文化使命。有研究者指出，学校课程开发的文化动因，主要是应对“主流文化和亚文化的冲突以及重塑民族国家身份的需要”[①]，这里的主流文化似乎更接近西方文化。事实上，在学校课程开发的实际中，“主流文化”还有可能指占据优势地位的城市文化、科技文化等。由此，在学校课程开发中，各种带着标签的地方性文化符号琳琅满目地呈现在学校课程之中。古村落文化、苏绣、蜀锦，等等，不一而足。有的学校更是在学校课程开发中，撷取类似的“文化片断”组织成为“校本教

---

①刘世民，张永军．亚文化：校本课程开发重要价值取向[J]．中国教育学刊，2013(4)：44－47．

材”或“读本”。然而，这些静态的“文化符号”所呈现的拼盘式课程，在多大程度上能够体现并代表学校所处地方的真实文化，并有助于学生发展，是颇令人怀疑的。

事实上，如果我们把文化看作一个相对完整的系统，它必然包含外显可感的物化载体。一套符号系统、一件物品、一个节日，无不是文化的外在显现。然而，作为一个相对完整的系统，文化显然不仅仅是外显的物化载体，它更为内在地包含处于深层的思维方式、价值观念等。文字符号、物品、节日、仪式等，固然可以让学生通过学校课程开发获得关于文化的认识，但其误区也往往在于将文化形式与文化本身等义视之，其结果就是在课程实施中，或让学生流于表面、走马观花地“体验”了一番文化，或是囿于让学生机械地掌握相关的文化符号。学生对文化中所蕴含的诸如思维方式、价值观念等往往处于不自觉的状态，遑论对其价值展开辩护。

文化固然会有其相对稳定的表现形式，但文化更是流动不居的，它是生动而有活力的。在学校课程开发中，如果将文化视为静态化的“文化产品”，课程也容易因此丧失生命活力，而难以成为学生发展的精神养料。无论是多么富有传统价值的文化，它必然地面临着传统的转化。对学校课程开发而言，问题并不在于呈现多少的文化产品给学生，而在于如何应对新的情境，使一种文化能够在新的情境中获得恰当的辩护。唯其如此，学校课程开发中的“文化”才不至于成为一种强加给学生的外在力量。事实上，当学生“涉身”于学校课程开发之中，与某种文化相遇时，本身就意味着新的情境已经发生。毕竟，每一个学生都有其已有的经验，他必然要在自己已有的经验系统中，在自己的现实境遇中，对文化展开必要的价值辩护，以决定是接纳或是拒斥这一文化的影响。因此，学校课程开发对文化的观照，必然不是简单撷取、呈现文化符号，而是切实地引发学生关于文化的体认，活化文化。

二、学校课程开发困境的知识论根源

学校课程开发困境的形成，和人们在学校课程开发中所秉持的知识观有着千丝万缕的联系。虽然知识不是学校课程唯一需要考虑的对象,甚至从诸如经验课程论、活动课程论等理论来看,知识在某种意义上并不是其主要的考虑对象,但恰恰是这种对于知识的"欲说还休"的态度,在客观上造就了学校课程开发的现实困境。之所以说其是"欲说还休"的态度,是因为一方面,就学校课程开发而言,无论是基于经验或活动的立场来看待课程,亦或是基于知识的立场来看待课程,其背后都必然有一个"from…to"的转化结构。在课程开发中,必然要考虑"知识"向"学生经验"或"活动安排"的转化。另一方面,很多学校在进行学校课程开发时,刻意回避国家课程中所涉及的"知识",从而使学校课程开发成为远离"知识"的活动或体验。

表面上看,学校课程开发对知识的此种看法及态度,源于对学校课程开发这一概念的理解偏差。21 世纪以来,我国基础教育课程改革在课程管理上着力于破除管理过于集中的现状,提出了"国家、地方、学校三级课程管理,增强课程对地方、学校及学生的适应性"的课程改革目标。应该指出,从世纪之交我国课程的实际状况及国际课程发展的潮流来看,这一课程改革目标是切中时弊的。在《基础教育课程改革纲要(试行)》中被明确表述的"三级课程管理",在随后的《基础教育课程改革纲要(试行)解读》中,逐渐被深化为实际意义上的"三类课程"。"三级课程是我国国家基础教育课程计划框架中的组成部分,它本身是一个完整的体系。各级课程在总体目标上具有一致性,都是为了实现我国的教育方针或各个教育阶段的培养目标。只是从三种不同的课程权利主体决定三类相对不同的课程方面,我们把国家基础教育课程计划框架划分成三个部分:国家课程、地方课程和校本课程。"[①]虽然这一解读构建了以课程目标为圆心的同心圆结构,但在实际的课程开发过程中,却造成了三类课程相互割裂、各不搭界的课程改革现实。在学校教育空间中存在的课程既然有国家课程、地方课程和校本课程三类,那么,三类课程就不仅仅是开发主体的不同,在课程开发的内容、组织与实施

①钟启泉,崔允漷,张华.为了中华民族的复兴 为了每位学生的发展《基础教育课程改革纲要》(试行)解读[M].上海:华东师范大学出版社,2001:354—355.

上,不仅会各显差异,更会界限分明。因此,对地方课程和校本课程而言,国家课程的意义只是一个兜底性的"前提",并不会进入开发者的视野之中。而对校本课程来讲,国家课程、地方课程又成为更进一步的"前提",它们同样不会被纳入开发的谋划之中。

这一解读与"校本课程开发"的真实意蕴相去甚远。众所周知,校本课程开发的概念源自英文的"school-based curriculum development",在这一术语中,"curriculum development"作为课程领域中"课程开发"的概念而言,是指根据一定的课程目标对课程内容或活动进行计划、组织、实施和评价的过程。而"school-based"一词,则与"centre-based"这一"中心为本"的课程开发模式相对应,所要解决的恰恰是"中心为本"课程开发模式在课程适应性、教师主动性和学生主体性上存在的弊端。在此意义上,"校本课程开发"理应被解读为"校本的课程开发"。有研究者指出:"校本课程开发要考虑到我国的教育实际,但是,我国的教育实际是什么呢? 是教师课程开发技能缺失,或课程资源不足? 是,但是更重要的实际是各地区教育发展的不平衡。"[①]教育发展上的不平衡决定了集中、单一且自上而下的课程管理体制,难以适应不同地区教育发展的现实及其需求。因此,三级课程管理体制定位于"适应"的课程发展取向,凸显了一种宽泛的理解。对于学校而言,它既可以且理所应当地包含国家课程的校本化实施,又可以是学校在国家规定的课程之外所进行的课程创生。其中,无论对于哪所学校而言,实现国家课程的校本化实施,理应成为课程改革的底线要求。然而,当校本课程开发被理解为独立于国家课程和地方课程板块之外的课程类型时,这种层级转化及适应的意味就基本丧失殆尽了。

这一解读上的偏差,更为深层的是缘于知识观上的错误认识。随着基础教育课程改革的不断推进,知识观作为课程改革的深层问题逐渐受到了研究者的关注。从过去十几年间的讨论来看,将知识一分为二,以客观知识

---

①徐玉珍.是校本的课程开发,还是校本课程的开发——校本课程开发概念再解读[J].课程·教材·教法,2005(11):3—9.

与主观知识、公共知识与个体知识的名义，造成不同类型知识之间的相互抵牾已是既定事实。其中，理性主义知识观和经验主义知识观被归为一类，建构主义知识观和后现代主义知识观则被归为另一类。就前者而言，在柏拉图、笛卡儿和培根、洛克等人的脉络中大体上延续着其基本主张。在理性主义知识观看来，知识是独立于主体以外的客观实在，主体只能通过摒弃感官，借助理性的方式加以获得。这里的知识，和课程教学领域中的"书本知识"大体相当；而肇始自培根的经验主义者，则认为儿童的知识来源于经验，亦即来源于对感官所感知现象的归纳。这种知识观意图让事实和现象告诉儿童知识，但依然秉持着客观实在的知识假定。这种带有权威主义的、客观实在性的知识看法，在基础教育课程中，往往被研究者视为传统知识观。与之相对，建构主义知识观更加注重从主体的角度来重新界定知识，知识不再是客观世界的摹本，也不再是学生需要加以掌握的客观之物，它更应该被理解为学生基于个体已有经验及其所处的社会历史文化背景，所主动建构的能够融入主体世界的知识。从这个意义上来讲，波兰尼所谓的"个人知识"与之颇为契合。这两种不同的知识观在新世纪基础教育课程改革中，缺乏实质意义上的互动，而更多表现为相互排斥与冲突。观念上的冲突势必会引发行为上的混乱。在学校课程开发的实践中，人们往往会将传统的、客观的、公共的知识与国家课程相对应，而将带有个体性的、情境性的知识与地方课程、校本课程相对应。有研究明确地指出，校本课程开发为"各种知识携手进入课程体系提供了可能与机遇"，是"知识伦理的重建"[①]。这种"伦理"的论断，正隐含着将知识分为不同类型，再定高低次序的前提。知识观上存在的分歧、混乱乃至对知识认识的不彻底性，实然造成了学校课程开发的知识困境。

① 李定仁，段兆兵. 校本课程开发：重建知识伦理[J]. 教育研究，2004(8)：41－46.

第三节 学校课程开发的知识基础探析

一、课程领域知识观的历史梳理

从政策层面而言,倡导学校为主体的课程开发,是在国家、地方、学校三级课程管理体制之下获得合法性确证的。从现实层面而言,让课程更好适应我国不同地区、不同类型学校学生的发展需求,是在我国幅员辽阔、区域经济社会及教育发展不均衡的实际中获得合法性确证的。然而,从理论层面确证学校课程开发的合法性,厘清学校课程开发与国家课程开发、地方课程开发之间的内在恰当关系,澄清学校课程开发的应有之义,就必然要诉诸知识观上的梳理。

哲学意义上的知识问题,尤其是现代哲学以前关于知识的讨论,主要集中于知识的根源、知识的确定性、知识的获取途径和人的能力范围等方面。和哲学意义上知识问题稍有区别,课程领域可能更为关注知识的价值问题。斯宾塞的"什么知识最有价值"和阿普尔"谁的知识更有价值",虽然体现了不同的立场,但实质上都是聚焦于知识价值问题。当然,知识价值问题和知识的本性、知识的确定性等息息相关,并在不同的知识论发展阶段有着不同的侧重。在近代以前,随着智者学派对前智者学派关于世界众说纷纭的观点的怀疑和由此引发的相对主义,"知识如何可能"和"知识的本性"作为古希腊认识论问题的核心被确立。苏格拉底没有对此问题进行过系统论述,但其所运用的归纳法和意欲建立的普遍意义,也并非没有暗含观点。此后,柏拉图基于感觉和理性的二分,在感觉与可流变世界、理性与理念世界的一一对应中,区分了意见和知识。亚里士多德尝试建立感性认识和理性认识的内在联系,但总体上却体现了经验论的倾向。

近代以来,知识问题的探求重心开始发生明显的转向。知识问题探求的内在精神开始被知识的"效用价值"所驱动。当然,知识能否实现培根所言的"知识就是力量",其根本保证在于理智的完善和有效的探索。由此,人类理智的运作过程及其发生学考察,成为近代认识论关切的主要问题。针对于此,以培根、霍布斯、洛克、休谟等为代表的学者,大体倡导知识来源于经验。经验中是否有等待人们去发现的普适必然的因果联系以及经验的有限性,成为此路径的终结点。与之相对,以笛卡儿、斯宾诺莎为代表的学者,一方面对理性加以尊崇以保障知识的有效性,另一方面却在最终不得不诉诸某种神秘力量以为理性寻求更加"可靠"的根基。康德试图以"人为自然立法",消解理性与对象之间的隔阂,将科学的对象视为经由感性直观和知性范围整饬过的感觉体系,但其遗留的"物自体"却成为黑格尔(Georg W. F. Hegel)探索的起点。无论近代以来经验主义和理性主义之间如何产生分歧,其核心问题始终聚焦于认识过程及其内在机制的探求。只要能够说明人的思维或经验与认识对象之间存在一致性,知识的有效性就可以获得保证。

存在主义哲学显然对此种探求路径表示怀疑。于存在主义哲学而言,人首先是生存的主体,而非认知的主体。人的理性是在生存中所发生的,是人在生存中所获得的规定性。因此,科学认知活动并不是人的最根本、最原初的生命活动方式,而是受非理智因素制约的。无论是胡塞尔(Edmund G. A. Husserl)的"生活世界"学说,还是伽达默尔的理解作为此在的存在方式、先于一切介入人的活动等,实质上都体现了对认识论致思路径的背弃。此后,随着后现代主义哲学的兴起,近代认识论更是遭遇了全面的清算。表象与实在、语言与实在、主体与客体等一系列作为近代认识论根基的思维方式受到了彻底的拆解。传统知识论的必要性问题成为认识论自身面临的一个重大问题。然而,遗憾的是,后现代主义知识论局限于对现代知识论的批判,自身并未建构起相对确定的知识大厦。

哲学领域中认识论的发展影响着课程领域中关于知识的理解。在近代认识论的理论脉络中,无论是经验主义还是理性主义,虽然在我们的思维或经验何以能够通达对象以获得知识的问题上存在不同见解,但总体上是认同知识客观性的。正因为此,知识价值问题在课程领域中实质上是“存而不论”的。知识既然是客观规律或真理的代名词,那么掌握知识和学生发展自然是一体的。尤其是近代以来自然科学所展现出的巨大的生产力,更使知识价值问题处于不证自明的状态。对课程领域而言,问题似乎只在于是让学生以经验的方式获取知识,还是让学生以理智的方式获取知识。即便是以杜威为代表的实用主义知识观,和认识论中的经验主义之间也存在颇多联系,区别似乎只在于,实用主义更侧重于经验的行为表现,而经验主义更加强调经验的心理侧面。需要特别提出的是,后现代主义知识观基于对现代知识观的批判与解构,将知识视为动态的、开放的自我调节系统,赋予课程以开放性、整合性、变革性等特征,将课程视为师生共同探索新知的过程。虽然其描述的课程愿景看起来很美好,但其操作性依然有待探索。正因为此,就课程实践而言,“杜威情结”与“赫尔巴特传统”依然是两条交织前行的主线。“杜威情结”式的课程实践往往将学生置于课程的中心位置,将学生的活动作为课程实施的基本形式,其目的在于实现学生自我经验的不断生长。“赫尔巴特传统”则将学科知识置于课程的中心位置,将师生授受作为课程实施的基本形式,其目的在于让学生掌握相应的学科知识,并在此过程中实现道德品质的完善。持两种不同知识理解的课程论者相互批评之处,根本上还是聚焦于知识的有效性或知识的意义之上。如果知识是个体经验的不断发展,它如何能够获得普遍的意义?如果知识是人类共同认识的成果,它如何能够获得促进个体发展的价值?

二、课程知识观重建与境域性知识的提出

从对课程领域知识观的历史梳理来看,一种知识观的重建,其可能的切入点应该是试图沟通个体与公共、主观与客观。如何在坚守知识具有客观

外在表征的基础上，赋予个体面向知识时代的行动地位及能力，从而使知识获得的过程成为个体发展的过程，是课程领域知识观建构的根本问题所在。

波普尔(Karl Popper)曾以“世界3”理论回应来自知识社会学和建构主义的挑战，意在指出存在一个“没有主体的知识”的世界，亦即客观知识虽然是人所生产的，但一经生产出来便具有自主性。即便如此，波普尔依然认为：“我们的知识有各种各样的来源，却无一具有权威性。”因此，“我们所能做到的一切，就是探求真理，它在我们的能力之外”。波普尔这一不同于传统客观主义的立场，可以概括为“放弃知识的终极来源的观念，承认所有人的知识都是人的知识，它混杂着我们的错误、我们的偏见、我们的梦想和我们的希望”[①]。正是因为科学的猜测性本质和由此形成的知识的可容错性，物质世界、人的精神世界、客观知识世界三者之间的互动才变得可能，而恰恰是在此种互动中，实现着三个世界的改变、发展与进化。表面上看，基于波普尔“三个世界”的理论来反思课程领域中的主观知识与客观知识之间的关系，似乎提供了一个较为完美的解决方案。然而，认真推敲便不难发现，知识在大多数时候，是处于相对稳定的状态，而较少有变化。

事实上，库恩(Thomas S. Kuhn)正是如此批评波普尔的。库恩认为，波普尔过分夸大证伪，把“科学事业中的非经常性的革命特点赋予了整个科学事业”[②]。库恩似乎对常规科学更情有独钟。这种观点固然会遭受批评，但它似乎更加符合人们的日常认知。库恩将科学革命视为科学家群体的“共意”或共同体的信仰，也在对非理性的凸显中，摆脱了证实或证伪的传统道路。但他将科学革命归为主体间的合谋，难免会落下相对主义的指责。即便如此，库恩对常规科学的重视，尤其是将范式作为一组范例的理解，还是从根本上推动了关于知识理解的基本立场。知识不再被视为纯粹理论的系统，不再只是概念图式之网，而是可拓展的模型。劳斯指出：“在库恩看

①戴维·米勒.开放的思想和社会——波普尔思想精粹[M].张之沧，译.南京：江苏人民出版社，2000：41.

②托马斯·库恩.必要的张力——科学的传统和变革论文选[M].范岱年，纪树立，等译.北京：北京大学出版社，2004：270.

来，理论首先不是语句系统，好像人们首先要习得其表征内容，随后还要把它运用到特定情境中，或许还需要桥接原理的附加帮助。相反，库恩主张理论的内容是被包含在对模式性问题的解题的标准、范例之中的。学习一个理论就是按照某种方式理解这些钥匙，就是按照模式性解题案例扩展它、修改它，以处理或多或少有些相似的那些案例。"①

范例是范式最重要的组成要素，范例必然又是科学家在一定的地方性情境中产生的，且可以被转译至其他地方性情境之中，因此，知识的地方性品质就被凸显出来了。更为重要的是，这种在地方性情境中产生的范例及其拓展性的观点，从根本上确定了一种关于知识的立场：实践优位的立场。"科学家通过模仿先前的解难题方法来解题，常常很少求助于符号概括。……这一过程中所得到的是'意会知识'(tack knowledge)，它只是以得之于科学实践，而不是纸上谈兵。"②实践优位的知识立场是相对于理论优位的知识立场而言的。对后者来说，知识是关于世界的客观且精确的表征，具有普遍性，科学的目的在于产生更好的理论。观察、实验不过是关于理论的说明、转移和应用。在这种理论优位的知识立场下，知识是关于世界的客观表征，自然是具有普遍价值的命题陈述之网。然而，在库恩的阐释之中，一种实践优位的立场会将知识视为操作、介入世界的一种方式。这和海德格尔(Martin Heidegger)将日常实践视为人为生存的解释学本身如出一辙。换言之，在一种实践优位的立场之下，知识优先体现为我们如何行动、如何与世界及周遭打交道的实践过程，也体现着我们对世界的阐释。

知识是我们操作、介入世界的一种方式，知识必然地与地方性相联系。这里所谓的地方性，并不是人类学意义上的非西方地域的特指，而是指在知识生产与辩护过程中所形成的特定情境，如特定文化、价值观、利益及由此造成的立场和视域等。③ 而这种在特定情境中形成的地方性知识，其普遍性

---

①约瑟夫·劳斯. 知识与权力——走向科学的政治哲学[M]. 盛晓明，邱慧，孟强，译. 北京：北京大学出版社，2004:88.

②托马斯·库恩. 科学革命的结构[M]. 金吾伦，胡新和，译. 北京：北京大学出版社，2003:170－171.

③吴彤. 两种"地方性知识"——兼评吉尔兹和劳斯的观点[J]. 自然辩证法研究，2007(11):87－94.

往往是知识的标准化造成的结果。一种生产于特定情境中的地方性知识，能够被用于其他“地方”，必然要经过转译，借助于在新的情境中进行的知识价值辩护，使其获得在地方的理解性。换言之，一种知识能够被理解，并不是因为与其意欲表征的世界之间的相符性，而是只能在对知识的使用中，使其获得理解。由此，知识更应该被理解为实践过程的集合，它是在语言交往、实验、日常生活中进行着的活动或实践过程的集合。

这种具有普遍地方性的知识理解，从根本上消解了知识普遍主义。为区别于文化人类学意义上的地方性知识，笔者称之为“境域性知识”。境域性知识并不是特指某一种知识类型，而是指一切知识皆具有境域的特点。知识总是在特定的情境中生成，进而需要在具体的情境中获得辩护。知识的情境辩护必然意味着知识的介入性，它总是在共同主体的参与中形成的。

三、语境主义知识观下的学校课程开发

境域性知识的提出，消解了普遍知识与情境知识、主观知识与客观知识等诸多知识观之间的二元对立。鉴于知识对于特定“情境”的依赖性，这种关于知识的总体看法我们可以称之为“语境主义知识观”，以区别于与“普遍知识”相对立的、具有特定意义的“情境知识”的概念。不同知识观之间对立关系的消解，为厘清学校课程开发与国家课程开发之间的关系提供了新的思路。

国家课程虽然不等同于学科课程，但是以科目为核心的国家课程，不可避免地会涉及学科知识。在一般的理解中，学科知识是关于客观精确的表征，因此，是学生必须掌握和接受的对象。基于这一理解，国家课程往往属于学校课程开发“存而不论”的领域。易言之，学校课程开发一般不会触及国家课程的相关内容。不仅如此，学校课程开发更会力避国家课程开发所涉及的知识，而将开发的重点置于学生的体验、感受之上。在学校课程开发实践中，刻意回避知识、注重学生活动、发展学生技能类的课程比比皆是。究其原因，是课程领域中注重知识与注重学生两种立场的差异导致的。以

知识为基本出发点构建国家课程，以学生为基本出发点构建校本课程，似乎已经成为普遍的认识。知识与学生之间的对立，造就了国家课程开发与学校课程开发之间的割裂。基于境域性知识的理解，知识的地方性品性与其主体的参与性，决定了知识无法独立于实践，亦无法脱离主体而单独存在。国家课程开发中所涉及的，看似普遍客观的知识，不过是地方性知识“脱境”之后进行“标准化处理”的结果。但从实践的立场来看，这样的知识是不完整的，只有它们在具体的实践情境中，经由主体的介入、参与及辩护，才能使其成为真正意义上的“知识”。境域性知识观的确立，对学校课程开发的使命、形态及构造均具有再造功能。

首先，境域性知识并不是指特定的、具有境域特征的知识形态，而是一种有关知识的观念，这决定了学校课程开发的使命。在任何具体的知识形态上去理解境域性知识，都意味着它是可以被感知的实体形态，为知识之“器”，属于知识表层的符号体系。而知识观念所强调的则是“以抽象的存在方式蕴涵着人们的价值预设、态度等”①，实为知识之“道”。境域性知识不同于怀疑主义，并不是对知识普遍性基础的否定，而是对知识生成与辩护的情境条件的强调。所关注的实际上是“将知识置于具体语境中，从实践的角度重新考察知识”②，从而获得对知识的全面理解。因此，从境域性知识的角度来看学校课程开发，其核心并不是要在国家课程、地方课程所表征的普适性知识之外，寻觅那些富有“特色”的诸如地方历史遗迹、地方名士、民俗风情和方言艺术中的“文化片断”，而应该着眼于方法论层面，注重知识视野的流动、开放与延展性，在实践的情境中，以多元的标准对知识生成展开辩护。由此，学校课程开发的根本使命在于将国家课程中的普适性知识引向受教育者现实的生活境遇，并在处理受教育者的“境域性问题”的过程中，彰显普适性知识的意义与效度。

其次，境域性知识关注知识得以形成的情境条件，强调对知识生成的辩

---

①么加利.“地方性知识”析——地方课程开发中知识选择的思考[J].教育学报，2012(4)：34－41.

②王娜.语境主义知识观：一种新的可能[J].哲学研究，2010(5)：89－95，128.

护，这决定了学校课程开发中课程的基本形态是生成性的。境域性知识在根本上反对仅仅在语言表征层面确证普适性知识的客观性与合理性，而是认为知识的客观性与合理性是植根于实践之中的。正如社会构造论者所构造的“地方性知识”所展现的那样，“只要介入科学知识生成过程作实地考察，我们无论如何也寻找不到科学知识普遍有效的根据”[①]。显然，在这一理解的观照下，课程的意义并不在于选择并传授一些确定的知识，而是在具体的实践活动中去体察知识观念的形成，并为知识的价值做出辩护。由此，就学校课程开发而言，如果仅仅满足于编写一些所谓的“校本教材”，或是形成完善的“校本课程”的文本材料，实质上仍未摆脱蕴于普适性知识背后的本质主义、预成性的思维方式。基于境域性知识的立场和视域来看待学校课程开发中的课程形态，应该是一种以师生为主体，以知识生成、价值辩护和意义建构为主要内容的实践性活动，其在根本上具有动态生成性。

再次，境域性知识的构造及其有效性需要诉诸主体参与和主体间性，这意味着合理有效的学校课程开发理应体现开放与民主。在境域性知识视域的观照下，知识总是源起于特定的语境（这里的语境并不单指文本意义上的语境，更侧重于指科学实践中的语境，包括个人和共同体的背景信念、地方性情境等）之中，知识既非对自然本性的“镜式反映”，亦非少数精英或科学家头脑中的东西。知识的生成必须依赖于具体的语境，对知识的论证“是在一定的社会语境中进行的，论证的最根本目的是说服同行而不是证明独立于语境的真理，可接受的标准是公共的而非私人的”[②]。因此，基于境域性知识观，知识在本质上是一种“语言游戏”，它依赖于主体参与及主体间性的建构。以此而言，学校课程开发不可能是单一主体，如校长、专家或教师的独断，也不能局限于地域意义上的“一校一地”去进行所谓的知识选择或文化选择，而应该以开放、民主的姿态，在本土的境域中完成知识的生成与价值辩护，使知识在普适与境域之间得以融通。

---

①盛晓明．地方性知识的构造[J]．哲学研究，2000(12)：36－44．

②蒋劲松，吴彤，王巍．科学实践哲学的新视野[M]．呼和浩特：内蒙古人民出版社，2006：10．

基于上述对境域性知识的理解及其对学校课程开发意义的阐释，我们可以对学校课程开发的内在规定性形成如下观点：

其一，学校课程开发的文化使命在于彰显国家课程所表征的普适性知识的境域意义。学校课程开发不能走“轻视知识”甚至是“否定知识”的极端路线，而在于强调并凸显知识的生成及辩护的境域特征。学校课程开发的根本使命就是要在对境域性背景、价值观念的发掘和珍视中，使课程真正地返回学生的生活世界，实现知识意义的主体建构。

其二，学校课程开发是在开放、民主的语境中实现课程动态生成的过程。学校课程开发固然要确立“以校为本”的观念，但并非在学校及其所处社区这一狭隘的地域意义上而言的。无论是学校课程开发的主体，还是其知识选择的范围和对象，都应该体现开放性与民主性，实现知识的流通、运用与交叉，促进文化的流动与交融。唯其如此，学校课程开发所形成的课程形态才能真正实现动态生成，从而具有强大的生命力，满足不同主体发展的需求。

其三，学校课程开发不仅指向具有公共意义的国家课程和地方课程，亦同时指向具有地方性特征的本土文化、个体经验等富有情境意味的“知识”。更确切地说，学校课程开发的使命就在于公共课程及公共知识与在地文化、个体知识之间的双向转化。当公共课程与公共知识转化为个体课程和个体知识的时候，它们在情境重建中被赋予了文化性，连带地构造了主体的意义世界，从而使主体的精神获得丰满与充盈。当个体知识和在地文化经由主体的交往、对话与辩护而成为具有公共意义上的知识时，它们在去情境性的同时亦连带地丰富了客体的文化世界，从而在人类文化的承继创新中，将主体的精神力量固化为客观的文化知识。

第三章　学校课程开发价值论

课程既不属于单纯的主体范畴，[illegible]独立于主体的客观范畴，尤其对于学校层面而言，更是如[illegible]家古德莱德将课程划分为五个层次：理想的课程、正式的[illegible]课程、实施的课程和经验的课程。在学校层面运作的领悟的课程、实施的课程和经验的课程，实则都是在关系论的意义上存在的。因此，有必要进一步就学校课程开发的价值问题予以探讨。

第一节 学校课程开发的价值概述

从狭义的价值理论来看,经典意义上的课程开发更接近于一种“价值中立”的知识处理过程。虽然在此过程中不可避免地要回应斯宾塞所提出的“什么知识最有价值”[①]的问题,但至少在自博比特至泰勒这一代表着“课程开发”经典理论的较长时期内,以“活动分析”为主的课程开发范式,难免容易导致课程开发过程中对学生的忽视,以致其遭受着“见物不见人”的理论批评。但就事实而论,无论在理论层面如何努力将课程开发过程建构成为一种完全理性的运作过程,在课程开发的实践中,课程理性的合理运用总是要诉诸其与相应文化环境之间的适切性。这意味着,学校课程开发无法成为超越具体文化环境的“纯粹”的知识活动,而必然地有涉价值。

从关系论的意义来探讨价值问题,不可避免地会涉及价值主体与价值客体及其相互的关系问题。同时,学校课程开发作为一种过程性存在,它又必然可以衍生出实践论意义上的价值。因此,学校课程开发的价值问题是一个复合结构。表面上看,学校课程开发的价值主体是学校。然而,学校实质是由校长、教师、学生乃至家长构成的复合主体。学校课程开发究竟对学校之中的哪一类主体具有价值负载,亦即谁应该成为真正的价值主体,是有待厘清的。而从学校课程开发的所涉及的价值客体来看,它既可以是作为课程之母的文化与知识,又可以是课程所作用的对象,即学生。同时,作为学校层面的课程开发,它还可以以国家课程、地方课程为对象,意在实现国家课程和地方课程的校本转化。这意味着,学校课程开发的价值客体也是

① 斯宾塞.斯宾塞教育论著选[M].胡毅,王承绪,译.北京:人民教育出版社,1997:91.

复合型的。价值主体和价值客体的双边复合型态,决定了学校课程开发也不可能是单一的、线性的,学校课程开发的价值更可能呈现的是复合型、多层级的价值体系。为此,需要在不同主体与客体的关系建构中,多维度地分析学校课程开发的价值。

一、学校课程开发的校长发展价值

学校是具有特殊社会意义且具有相对独立性的组织。校长的角色及其身份定位在很大程度上影响着学校组织的性质与特点。斯佩克(Marsha Speck)曾指出了校长的三种角色类型:教育者、领导者与管理者。作为教育者,校长要能对学校组织的性质和价值观念做出澄清,有效指导教师的教和学生的学;作为领导者,校长要正确地做事,要在学校的办学实践中明晰愿景、厘清目标、制订规则、谋划未来;作为管理者,校长要能做正确的事,对组织内部各种要素,如人员、物力、财力、时间、空间等做出协调统筹,以使之发挥最大的合力,满足学校教育发展的需要。当然,斯佩克所指出的这三种角色类型,实是理想意义上的校长角色。霍尔(Jean M. Hall)等人曾结合课程实施指出过另外三种类型的校长角色:回应者、管理者和缔造者。这三种校长角色依次被动回应教师的需求、基于任务而经常涉入教师工作、基于学校发展的信念和目标与教师保持沟通观念。可见,校长作为一种职业角色,既有作为理想状态的角色需求和胜任力特征,也有深植于具体实践情境中的实然形态。

从世界教育发展的流行趋势来看,大多数教育发达的国家或地区都更为倡导校长首先作为领导者或教育者,继而作为管理者。在我国,人们往往更为突出校长作为管理者的角色。在此背景下,很多校长多忙于事务性的管理工作,而对学校的核心——课程教学及学校的整体发展的谋划相对忽视。事实上,即便不是因为这种侧重上的差异,校长的角色形成也并非一蹴而就,而是从局部的教育教学者走向统筹全局的领导者的发展过程。校长职业角色在应然与实然之间所存在的落差及其冲突,要求校长在专业化的发展道路上不断前行，通过自身的专业发展不断实现职业角色的形塑。从某种意义上来讲，正是因为这一落差及冲突的存在，构成了校长专业发展的内在需求，亦即校长的价值需求。学校课程开发作为一种过程性存在的课程实践，在这一过程中，校长不断将自身关于学校发展、课程教学变革的思考、理想付诸实践，重构学校与课程教学，同时也不断地通过学校、课程与教学的变革，实现自我重构，获得专业发展。

学校课程开发之所以能够促进校长专业发展，提升校长专业领导力，在根本上是由学校课程开发这一过程存在的“客体”特性决定的。学校课程开发是学校作为文化主体地位的彰显，是在学校具体的课程目标引领下的教师和学生行为转变、进行课程开发的过程。这一过程当然不等同于校长专业发展的全部过程，甚至也不等同于校长课程领导力的发展过程。但这一过程具备促进校长从管理者走向教育者，进而走向具有理想形态的领导者的相关要素。

首先，从校长作为学校文化的领导者而言，学校课程开发有助于校长澄清观念、明晰价值、勾勒愿景，切实提升文化领导力，成为领导者。

校长的文化领导力是校长基于价值选择与价值判断，对学校发展进行目标制订、愿景勾勒、发展规划和战略应对的能力。其中，价值系统作为文化的核心，是校长文化领导力提升的关键因素。校长只有对学校发展价值做出科学诊断和理性选择，才有可能将学校发展指向正确的方向，引领上正确的道路。学校课程开发提倡在坚守学校文化主体地位的前提下，调适国家课程与学校情境之间的关系，以使师生过上适切的教育生活。文化主体地位的坚守，实质上就是要在价值层面鲜明地回答“什么样的价值是值得追求的”“什么样的价值是不值得追求的”这些根本性问题。这些问题的具体回答，就表征为让教师和学生过一种什么样的教育生活，以及为何过此种教育生活的理由。这既是对学校课程开发的前提性、基础性和根本性的考量，也是校长作为文化领导者必须面对的首要问题。对于学校课程开发而言，作为前置程序的“需求分析”，以及关于学校的“情境分析”，在本质上要回应的正是学校课程开发的价值问题。对此，以泰勒的《课程与教学的基本原理》为代表的课程开发范式，实质上已经给出了明确的提示。作为课程开发首要环节的"目标确定"，学生、社会和学科专家所形成的关于目标的需要或建议，面临的第一个"筛子"就是学校教育哲学。"哲学的陈述实质上旨在界说一种良好生活和良好社会的性质。教育哲学中有一部分，就是要勾划一种令人满意的和有效的生活所不可或缺的价值观。"[①]培养什么样的学生、办什么样的学校，正是基于价值判断和选择所给出的回应。

在价值判断和选择的基础上，学生发展和学校发展将在"培养什么样的学生"和"办什么样的学校"这两个问题的统领下变得清晰可感。于校长而言，对上述问题的思考与回应，意味着校长鲜明的教育价值倾向，亦即教育哲学的构形，它是校长文化领导力的理念系统。在此基础上，当校长将这一内在的理念系统外化为学校发展的愿景、规划和学生发展的目标，具体化为学校发展中的优势、劣势、挑战与机会，并据此提出学校发展的具体策略时，它就逐步构成了学校发展的愿景、目标、规划和策略，并表征着校长文化领导力的真正形成。学校发展的愿景、目标、规划和策略，虽然无法尽数纳入学校课程开发的活动之中，却必然地以学校课程开发这一核心抓手为依托。在此意义上，学校课程开发的过程，恰恰是校长教育哲学不断构形并具体化的过程，亦是校长文化领导力不断生成与提升的过程。

其次，从校长作为学校教育的领导者而言，校本课程开发有助于校长在技术层面确立目标、整合内容、实施教学、做出评价，切实提升校长的教育领导力，使其成为教育者。

校长的教育领导力是校长领导力在业务工作中的胜任状态，它表征了校长在具体的课程与教学事务上，给予教师和学生以专业指引，由校长的专业知识和专业技能构成。有研究指出，如果说校长的文化领导力隐喻着校长作为"高级牧师"，那么教育领导力则隐喻着校长作为"临床实践者"[②]的身

①拉尔夫·泰勒.课程与教学的基本原理[M].施良方，译.北京：人民教育出版社，1994：26.
②赵明仁.论校长领导力[J].教育科学研究，2009(1)：40－42.

份角色。虽然这一领导力对一所卓越的学校而言是不充分的，但对于学校效能及作为卓越学校的基础而言却是必要的。从专业的角度对学校教育教学问题做出诊断，进而给出解决方案上的指导，是校长教育领导力在教育教学事务中的具体活动表现。校长的教育领导力事实上并不是校长所独有的一种能力，而是作为优秀教育者所具备的卓越能力。它既可能源自作为教育者的校长自身的理论储备，也有可能是源于作为教育者的校长在长期的教育教学活动中、在“实践＋反思”中生成的实践性知识。

学校课程开发是以学校为主体的课程实践活动。在这一活动中，校长既是众多参与者中的一员，又是众多参与者中的领头人与指导者。学校课程开发作为课程开发之一，它本身充满了实践意味。从课程开发的基本要素来讲，它至少要求校长带领其他参与者一起回答如下四个方面的基本问题：课程意欲实现的目标、知识或经验的选择与组织、课程实施、课程评价。与理论工作者对这些问题的回答所不同的地方在于：理论工作者可以脱离具体的情境对上述问题做出抽象的、程式化的、富有技术理性的回答，而校长和他所带领的参与者则是深植于具体的情境对上述问题做出回应。这首先要求校长具有情境识别与发现的能力，并在此基础上实现问题的发现。换言之，校长之所以要带领其他的参与者共同从事学校课程开发的活动，必然是基于情境中的问题发现而展开的，恰恰是因为学校当下的课程无法促成师生恰切的教育生活，因而寻求课程的变革。其次，它还要求校长具有问题诊断与分析的能力。学校课程与师生教育生活之间的不适切状态，可能源于课程自身的因素，也可能源于学校内部，如教师文化、学校文化的因素，还可能源于学校外部的社会环境与家庭方面的因素。而这些诊断需要校长具有面向实践的知识与能力。再次，在发现问题并对其分析的基础上，校长更需要指导学校课程开发的参与者形成问题解决方案的能力。方案的系统性源于学校课程开发方案中诸多要素的协调、统筹与安排。马什(Colin Marsh)曾指出教师参与学校课程开发的六个阶段，其中“承担主要领导角色”属于阶段六，有两个优先事项：对启动和计划活动有充分准备；监督成果,并在维持方向和保持效率上采取适当的行动步骤。这一角色的担当,必然地要求校长具备关于学校课程开发的相关知识、能力乃至资源,亦即具有教育领导力。

从校长作为学校组织的领导者而言,校本课程开发有助于校长更新组织架构,优化权力运行,切实提升校长的组织领导力,使其成为管理者。

学校课程开发不仅是校长的文化实践和教育实践,还是校长作为管理者的组织实践。校长的管理者角色呼唤其组织领导力的不断提升。从管理的角度而言,校长的组织领导力表现为在组织内部进行资源配置、组织治理、评审改进和创新影响的能力。从组织领导力的构成要素来看,它通常包括校长的领导权威力、战略决策力、沟通力、评估力、学习力和创新力六个要素。其中,领导权威力是校长组织领导力的基础,它依赖于校长个体的品质、知识及专业水准;战略决策力是校长在学校内外环境的分析中,对学校发展目标等做出系统谋划的能力;沟通力、评估力、学习力和创新力则是不断优化组织、推动组织不断发展的主要能力。校长组织领导力的发展依赖于校长的组织管理实践。传统的学校组织采用的是科层制组织管理模式。科层制组织管理模式是以理性为根基的,现代法理权威从根本上保障了其理性根基。所谓的现代法理权威,根据韦伯(Max Weber)的说法,有两个基本特征:一是领导者以法定赋予的职务身份发号施令;二是领导者的权力来源于规章制度的认可。正因为此,作为科层制的学校往往都具有层次分明、分工精细、权力集中的特点。而校长作为处于"金字塔顶"的管理者,其身份法定先在的特点决定了校长更多依靠制度办事,而缺乏自主发展的意识。校长身份法定先在,校长照章办事,其结果不仅是校长的自主性无法得到显现,更为重要的在于,处于校长层级以下的学校人员也处于机械、被动和应付的境地。在这一组织环境中,校长的组织领导力无法获得切实的提升。

学校课程开发是以学校为主体的课程调适过程。以学校为主体决定了校长不可能是课程开发的单一主体,课程开发是由全体教师、学生乃至校外人士共同参与的活动。从权力架构而言,它必然要求改变传统科层制组织模式中的“金字塔”式的权力架构方式,形成一种扁平化、发散式的权力分布形态。权力分布形态的变化,必然进一步影响着学校组织内部不同人员、群体之间的相互位置及其关系。学校内部不同人员及群体不再是上级、下级的从属关系,而是团结协作的伙伴关系。由此,每一个处于不同团体中的人员,都必须要切实地承担起对组织的责任,并通过学习来不断发展自己,从而适应组织变革的要求。或正因为此,在学校课程开发中,校长作为学校的管理者,不再是高高在上的号令施发者,而是人员、资源、时间、空间等组织要素的协调者、组合者与优化者。校长不仅需要通过提升专业能力强化自身在组织内部的“领袖”地位,还需要通过对学校内部环境的诊断分析强化自身对组织发展方向的“指引”作用,更需要通过有效的沟通、评价、组织、创造力激发等促进其他组织成员的持续发展。在此意义上,学校课程开发作为校长“成为”管理者的“历练场”,对于校长组织领导力的提升具有重要的价值。

二、学校课程开发的教师发展价值

无论是从教师作为专业人员的角度,还是从教师自身生命价值彰显和提升的角度,发展对于教师的意义都是不言而喻的。发展必然涉及推动发展的动力问题。唯物辩证法指出,事物发展的根本性力量在于事物内部矛盾双方的统一与斗争,事物外部矛盾是发展的第二位原因。教师专业发展的根本性力量理应源于内在,而非外部。因此,只有当教师确立起作为发展主体的根本性地位、充分体认自我的主体性时,才可能在主体的本质属性和本质力量的激发中,催生自我发展。学校课程开发恰恰是在倡导教师作为课程开发的主体的意义上,使此一过程成为教师自我意识不断觉醒、不断走向专业自觉的过程,进而彰显其对于教师发展的价值。

首先,学校课程开发对教师发展的价值,体现为教师课程自主意识的觉醒和激发。

众所周知,任何课程之所以能够对学生发生效能,是因为任何课程都必然地要经由教师的运作，成为学生经验的课程。课程实施的相关研究揭示了课程实施的三种取向：忠实取向、相互调适取向和创生取向。围绕忠实取向，亦有关于课程实施度的测量。然而，在课程实践中，大约是不存在完全忠实取向的课程实施的。我国学者吴康宁曾以“课程重构”的概念描述了此现象。如果把国家课程或地方课程视为“法定课程”，那么经过教师重构的课程就是“师定课程”。两者的关系存在包容、基本吻合、部分重合和基本分离四种类型。所揭示的，实质也是课程在实施中的变形、异化。这些分属不同领域的研究，无非在指出一个事实：但凡课程经由教师运作，必然会由于教师的介入而发生改变。不论教师是否对这一改变的事实有所觉察，它都真实地发生着。既然如此，为什么不促使教师在“课程重构”这一事实发生的行为上有更多的自觉呢？学校课程开发对教师专业发展的价值首在于此。具体而言，有如下三个方面：

一是在课程选择与重构的权力赋予中，确定了教师作为课程开发主体的根本地位。有学者指出，学校课程开发的本质是一种“课程决定”[①]，它必然涉及课程决策权力的分配。教育部制定的《基础教育课程纲要（试行）》中对学校的课程给予了明确的规定：“学校在执行国家课程和地方课程的同时，应视当地社会、经济、发展的具体情况，结合本校的传统和优势、学生的兴趣和需要，开发或选用适合本校的课程。各级教育行政部门要对课程的实施和开发进行指导和监督，学校有权力和责任反映在实施国家课程和地方课程中所遇到的问题。”学校课程权力的赋予同时也意味着学校主体地位的确立，进而意味着作为学校人员的教师、校长、学生的课程主体地位的确立。换言之，正是通过学校课程开发这一过程性存在，教师作为课程开发主体的地位真正“出场”。

其二，学校课程开发亦是教师课程意识不断生成、觉醒乃至升华的过程。美国教育学家麦克唐纳（J. Macdonald）认为，教育活动系统是由教育目

①靳玉乐.校本课程的实施：经验、问题与对策[J].教育研究，2001(9)：53－58.

标系统、课程系统、教学系统和管理与评价系统构成的，教师合理地开展教育活动，需要对四大基本系统形成完整清晰的观念和认识。表面上看，教师的教育观念是一种结构化的普遍性存在，但越来越多的研究表明，教师的教育观念有着十分鲜明的个体特征和情境依赖性。换言之，它和教师个体的教育实践经历乃至教师个体的生活史、知识结构等均有着紧密联系。课程意识作为教师教育观念的一种，亦共享上述特征。学校课程开发作为以学校为主体的课程开发过程，需要教师在具体的情境中，以行动的方式回应课程的目标、内容、实施、评价、管理等基本问题，进而实现着其课程意识的生成与更新，这自然是学校课程开发对于教师发展的另一重价值。

其三，学校课程开发还是教师不断提升课程敏感度、发现课程冲突进而寻求解决方法的过程。为何教师要在看似“重复”的课程教学实践中寻求自我更新，以实现发展？这事实上是教师自我发展的动力机制问题。大量的教师之所以懈怠于自我价值的不断提升，根本上是因为教师对其置身其中的课程感到“舒适”或“麻木”。学校课程开发将促使教师在文化的意义上审视课程与学校文化之间存在的落差，审视代表着学科知识的课程和学生的生活经验之间存在的脱节。换言之，学校课程开发要求教师看得更多、看得更深刻：将视线从既往的课程文本转向学生及学生生活的“微型文化场”，让视线透过课程的表层，抵达对课程本质、学生本质乃至文化本质的思索。这种思索，带来的是教师课程敏感度的不断提升，以及在这一提升过程中，对课程中存在的冲突、矛盾、问题等的感知。它们构成了教师自我发展的根本动力，激发着教师课程意识的生成与更新。

其次，学校课程开发对于教师发展的价值还表现为在“环境－个体”的互动过程中，实现教师个体的行为转变。

教师课程自主意识或观念的激发，回应的是教师发展的认知需求。但教师发展的需求绝不限于认知层面，更在于实际的行为改变。甚至从根本上来讲，教师的行为改变是教师重塑观念、发展认知的根本性前提。教师的行为改变并不是一己之举，而是植根于教师专业发展的生态环境之中。在生态学中，各种生物都有群聚的现象。在特定的时间与空间中，相同种类的生物通过群聚形成集合体，并通过群体中个体间的相互适应与协调，以实现动态平衡，维持群体的整体生存和发展，这彰显的是生物之间和谐共生的整体发展理念。生态学同时还告诉我们，任何一个特定的生态系统都是一个与其外部环境之间紧密联系、开放共生的系统。这有两重意味：一是从系统内部的个体来讲，处于生态系统内部的每一个个体之间都有一种关系性存在，个体的存在状态是在与其他个体的相互联系中实现的；二是从个体和系统的关系来讲，个体和生态环境之间也是相互依存的关系。环境影响着个体，个体也反过来影响着环境。基于上述整体性和系统性的理念，在生态学的意义上，处于特定生态系统中的个体之间总是在交互中实现互利共生，并促进、维持着生态系统的动态平衡。

生态学的上述理念在社会学中亦有共鸣。美国社会心理学家勒温(Kurt Lewin)就曾指出，个体在群体中，只要有别人在场，他的思想行为就同他单独一个人时有所不同，会受到其他人的影响。如果一个人的思想行为与群体多数人不一致时，就会产生一种无形的压力，迫使个体调整思想行为，以融入群体之中。[①] 无独有偶，同样在社会学领域，布迪厄(Pierre Bourdieu)借助于物理学意义上的"场域"，描述了人类行为的概念模式，意在指出每一个个体的行动是如何受相关场域所影响的。事实上，具体到教师发展来讲，早期的理论基于理智的假设，将知识视为理智的基础，意在通过知识输入改变教师行为，过于强调教师的理性维度。此后，"实践—反思"模式的教师发展，则将教师置于特定的情境之中，意在突出教师的个体意蕴和实践意蕴，通过隐性知识的增长实现教师发展，又过于偏重默会知识的个体维度。事实上，教师是处于群体之中的个体，亦是在特定环境中的个体。教师发展必然诉诸行为改变，而行为改变又必然诉诸环境构建。正因为此，生态取向的教师发展主张通过组织文化再造，以实现教师发展。

---

①吴鼎福，诸文蔚．教育生态学[M]．南京：江苏教育出版社，2000：162.

学校课程开发对于教师发展的另一重价值，即在于通过学校文化更新，重塑教师发展的生态环境，进而推动教师发展。如果说教师自主课程意识是对教师发展内在需求的激发与满足，那么，学校文化的再造则是教师发展的外部需求和满足。学校课程开发之所以能够促进学校文化更新，第一，是因为学校课程开发就是一个价值凝聚、愿景达成的过程。学校的传统，学校的优势与挑战，源于学生、家长和社会的需求，正是通过学校课程开发的具体过程实现凝合的。价值的澄清和凝聚是学校文化更新的主轴。第二，是因为学校课程开发必然会带来学校组织结构的重塑。学校课程开发需要打破传统的学校科层制组织模式，形成扁平化的学校组织结构。在这样一种结构中，教师与教师之间形成一种真正意义上的平等、合作与对话关系。第三，学校课程开发还意味着一系列新的规则、制度的构建。作为学校课程开发的保障系统，学校课程的开发、评价、实施将有更多切合学校情境的规划和依据，教师在课程开发中的权、责亦将进一步明确，关于课程评价的标准也将进一步确立。凡此种种，无不意味着外部环境的变革，以及处于此环境中教师行为的相应改变。

学校课程开发对于教师发展的价值更在于在课程产品的形成过程中，实现教师本质力量的物化，从而使教师的生命价值得以实现。

从教师作为专业人员的角度，教师发展需要以观念更新和行为改变为基础，因此，教师面临观念和行为两个不同层面的发展需求。然而，跳出教师作为专业人员的角度，站在生命发展的高度，教师还有其更高的发展需求，亦即自我实现的需求。在以往的相关理论讨论或人们的日常认识中，教师自身的生命价值并不被人们所重视。“教师是蜡烛”“教师是园丁”等不同的隐喻性表达，所彰显的无不是教师之于学生的工具价值，但教师作为生命体自身的价值需求却因此隐而不见。对此，有研究指出，教师与学生是“学习共同体”，师生应该在教学中获得共同的进步与发展。教学作为师生共同参与其中的、充满生命意蕴的交往活动，是师生生命的、有意义的构成部分，理应关注到师生的共同发展,关注到师生发展需求的满足。[①] 虽然此讨论是在教学的意义上展开的,却从根本上指出了教师价值发展需求的问题所在。

立于生命发展的高度,教师的价值发展需求主要表现为其本质力量的对象化。所谓本质力量,亦即人自由自觉的意识,是人有目的、有计划地改造事物的特性。教师作为生命体的存在而非工具性存在,突出表现为教师本质力量的显现,即对教育事物的改造。在既往的教师课程实践中,教师所面对的课程往往是“专家的课程”或“行政的课程”,对于大部分教师而言,虽然他们切实地从事着关于“专家的课程”或“行政的课程”的“二次选择”,但没有在课程上自觉地留下属于他们鲜明的烙印。教师更倾向于将学生视为自身教学实践的结果,而非课程。事实上,即使可以将学生作为教师课程实践的“产品”或“结果”看待,也必然是教师通过“课程”加以实现的。因此,课程应该成为教师课程实践的首要成果。换言之,教师要直观自身、“反观”自身的智慧和力量,理应透过“课程”这一产品。

教师课程产品的构建,当然离不开教师自觉的课程实践。学校课程开发恰恰就是教师缔造属于自己的课程的实践过程。这一缔造过程,对教师生命存在的彰显主要是通过两个层面加以实现的。从合目的性维度来说,学校课程开发要求教师审慎地决定“课程为何”的目的性问题。对于教师而言,无论是单一学科的课程实践,还是跨学科的综合课程实践,在学校课程开发的框架内,都必然要回应“培养什么样的学生”和“培养学生的何种素养”的目的性问题。从合规律性维度来说,学校课程开发有其特定的一整套规范。无论是学生的发展需求评估,还是内容的选择、整合,又或是课程的安排等,不仅要考虑学科知识内在的逻辑,还要考虑学生发展的心理逻辑,注重知识与学生发展之间的适切性问题,亦即遵循学生发展规律来安排课程的分量、进度。可以说,教师正是通过对课程、学生内在规律的认识和把握,将自己的才能、智慧及其教育生命,物化在课程之中,一方面在课程之中

① 范蔚,叶波,徐宇.“师生共进”的有效教学评价标准建构[J].教育理论与实践,2013(19):57-60.

凝结了自己的智慧、思想、情感、意志、理想等，另一方面也通过课程实现了对自己的观照，从而在对象世界中“能动地、现实地复现自己，从而在他所创造的世界中直观自身”。这一过程，实质上就是教师生命价值不断获得实现，进而成就自我的过程。

三、学校课程开发的学生发展价值

学校课程开发的最终目的指向是学生，学生发展是学校课程开发的终极依据。因此，学生是学校课程开发的必然主体，对学生这一主体发展需求的满足，是学校课程开发的应然之义。学校课程开发之所以能够更好地彰显课程对于学生发展的价值，根本上是因为学校课程开发在适切性中坚守超越性，在适切性中倡导交互性。

首先，学校课程开发对于学生发展需求的满足，集中体现在学校课程开发调适国家课程、地方课程以适应学生发展的过程之中。

在西方经典的课程理论中，学生、学科和社会构成了经典的“课程三角”。理想的状态是学生、学科和社会三者之间的平衡，然而，在课程实践中，往往是取其一端，兼顾其他。学生中心的课程强调以学生的兴趣、爱好为课程设计的起点，强调学生在实际的生活中获得经验，实现个体发展。其优点在于能够满足学生发展的需要，彰显学生在课程中的主体地位；缺点在于学生所获得的经验可能是零散、缺乏系统性的。学科中心的课程与之恰恰相反，主张以学科知识为课程设计的起点，强调课程知识的系统性和组织性，但易于忽视学生的兴趣、爱好等。社会中心的课程设计倾向于以实际的社会问题为课程设计的起点，注重跨学科的整合和学生的批判性思维，看起来似乎是课程的理想状态，但并不易于实施。正是因为三种中心的课程设计思路各有其优缺点，因此，在课程开发实践中，倾向于强调三者的融合。

在现代社会中，学生、学科和社会的融合更像是一种理论上的想象。这是因为，现代意义上的学科带有强烈的规训意味。从词源的意义上，“学科”一词的西文“discipline”本身即有“规训”的含义，亦有“为门徒和学者所属，基于普遍接受的方法和真理"的含义。福柯(Michel Foucault)对此深有洞察。他指出,那些以学科面目出现的医学、精神病学等,实质是对人和社会进行监控和规训。学科知识实质上是权力技术的集合。知识的形成和累积强化、放大着权力。恰因为此,现代社会的课程更倾向于采用学科中心的课程设计。从学科出发,一方面更加契合自上而下的现代社会管理体制,适应社会治理的需要;另一方面,也更容易使学生通过学科规训,获得关于知识的真理和方法,从而更加适应现代社会进化的内在需要。综观 20 世纪以来的世界各国课程改革,虽然关于"学生中心"的提法不绝于耳,但那始终只是历史长河中的一段波澜而已,各国课程无不在倡导学科的基础地位。

对学科基础地位和开发原点意义的强调,带来的一个显著问题就是课程的适应性问题,或曰知识的社会化与生活化问题。换言之,那些撷选自各门学科的知识,如何有效地和学生的实际生活之间发生有效联系,如何形成知识之于学生的意义,是现代课程面临的主要问题。尤其是在这样一个越来越强调社会民主的多元社会之中,不同的学生群体可能会有不同的学习需要,更有着不同的生活体验。知识与学生学习需要和生活体验的融合,需要"局内人"的视角,立于学生发展的立场选择、转化知识。学校课程开发将学生及与学生密切相关的教师乃至家长、社会人员纳入课程开发的主体之中,无疑是实现知识之于学生价值的可能性前提,也是学校课程开发的根本理由所在。在此意义上,学校课程开发并不只是知识伦理的变革,它更是主体与知识在课程空间中的地位关系变革,是在适应性的框架中彰显对学生发展需求的尊重,也体现着课程知识之于学生发展的可能价值。

其次,学校课程开发之于学生发展的价值,还体现在学校课程开发所涉及的知识的超越性品质之中。

以学校为主体的课程开发实践,很容易滑入的一个陷阱就是,将学校课程开发等同于学生的活动开发。究其原因,是因为学校课程开发易于从国家课程开发的"学科中心"滑向"学生中心"。一味强调学生的兴趣、爱好,既无助于课程品质的提升,又无益于学生发展需要的真正满足。对此,课程改革的历史早已昭明。以美国为例，发生于20世纪初期的进步主义教育运动，所提倡的就是“儿童中心”“创造性地表现自我”等理念，但这种“儿童中心”的倡导，又导致了放纵儿童的局面。课程缺乏难度、课程缺乏必要的安排与计划、过分放纵儿童的兴趣等一系列问题的出现，并非偶然。及至20世纪七八十年代，继学科中心课程改革之后，出于应对社会危机及迎合社会民主的需要，美国曾一度通过降低课程难度、大量增设选修课程等举措，以使课程能够满足学生发展和自我成就的需要，结果是作为“餐后甜点”的选修课程替代了“正餐”的地位，所导致的结果必然是学生“营养不良”。历史给人以教训，但历史的教训也很容易被忘却。21世纪以来，世界各国的课程改革中都不约而同地兴起了以学校为主体的课程开发，但大量的拼盘式的“校本课程”带来的品质下降、体验有余而收获不足等问题，依然不断上演。

以学校为主体的课程开发之所以出现上述问题，根本上是因为在课程开发中，只关注课程的适应性，而未及课程的超越性。课程存在的一个重要理由即在于，作为课程基本内容的知识有着相对于学生当下经验的超越性。这种超越性一方面意味着，作为课程基本内容的知识代表着人类当下认识的现实高度，它对于学生当下的经验具有积极的提升价值；另一方面，它也代表着学生当下认识的可能高度，恰恰是因为学生的当下经验和作为人类认识高度的知识之间存在落差，才有教育、课程、教学等不同范畴存在的必要性。因此，作为人类认识公共产品的知识是学校课程开发的基本维度之一。公共知识的存在，不断激发、深化着学生的需求层次，使学生的价值发展更有方向性和历史纵深性。不仅如此，作为人类公共认识成果的知识，对于学生发展的价值还因为知识自身的客体属性。知识并不只是表层的符号系统，它还意味着蕴于其中的思维方式和价值倾向。尤其是经由课程传递的知识，更是经过“标准化”处理的知识。“知识作为精神的种子，其本质是思想的种子、思维的种子、德性的种子，具体的课程知识所凝结的是学科思想、学科思维和价值观念。”[①]此种意义或可作为培根“知识就是力量”的一个脚注。

既然知识当中凝练着人类的思维方式、价值倾向和学科思想，凝结着人的类本质及其力量，那么，学校课程开发理应将知识作为其基本的维度之一，不应以“儿童中心”或“地方性知识”的观念，将知识拒于课程之外。离开了知识的引领及其表达的人类认识高度，学生的个体活动必然是无序且低效的。甚至可以说，正是因为知识的存在，正是因为有着关于知识的选择、组织，才有课程之于学生日常活动经验的超越性，才使课程成为学生发展必要的价值源泉。学校课程开发所要从事的工作，恰恰就是将公共的人类知识转化为学生学习的资源，重建学生在场的知识情境，使学生在知识的引领下，不断超越现实的教育生活，走向可能的世界。

再次，学校课程开发的学生发展价值，还体现在学校课程开发过程中知识和学生的交互性之中。

无论是国家层面的课程开发，还是地方意义上的课程开发，所形成的课程产品大抵都是静态的文本课程，如教科书、课程标准、课程计划等。这些课程产品以外在的姿态呈现于学生面前，事实上并不会必然地实现对于学生发展的应有价值。对此，关于学生发展的相关机制的研究早有揭示。杜威以经验为核心概念所构建的教育哲学中，将学生发展的机制归结为儿童和环境之间相互作用的活动。“心智和运用智慧或有目的地从事有事物加入的行动过程，两者是完全一致的。所以，发展和训练心智，就是提供一个能引起这种活动的环境。”[②]苏联文化历史学派的代表人物之一维果茨基（Lev Vygotsky），将学生发展归结为个体参与集体活动时与他人之间的交往。通过这一交往活动，个体不仅获得了集体活动的方式，同时也掌握了作为活动中介的物质和符号的工具。由此，学生发展的机制就是个体在教师或同伴的帮助与合作中，从现实水平向潜在水平转化的过程。可以说，通过学生的

①郭元祥，吴宏．论课程知识的本质属性及其教学表达[J]．课程·教材·教法，2018(8)：43－49.

②约翰·杜威．民主主义与教育[M]．王承绪，译．北京：人民教育出版社，2001：151.

能动活动以实现学生发展，是教育学界的一个基本共识，亦是人类认识发生发展的基本机制。不同之处在于，人类认识发展的互动机制源于个体与环境之间的直接交互，而学生认识发展则是以人类的历史文化为中介的、人与自然及他人之间的交互活动。

由于学生与自然及他人的交互活动中介入了“历史文化”这一中介物，促进学生发展的交互活动就有可能蜕化为学生面向静态“历史文化”的认知活动。恰因为此，课程之于学生发展的丰富价值亦可能变得单一封闭，甚至背负着扼杀学生发展的批评和指责。学校课程开发首先在课程的适切性中确证了学生作为课程开发的价值主体地位，由此将学生的直接经验、主体感受和主观需求等置于课程开发的起点位置。与此同时，学校课程开发同样珍视课程的超越性，亦明确肯定作为人类共同认识成果的知识对于学生发展所具有的引领价值和导向价值。学生的发展正体现在这种从“适切性”到“超越性”的调和过程之中。换言之，恰恰是学生基于自身的直接经验、主体感受和主观需求，在与人类认识的公共成果之间进行交互的实践活动，从而实现了自身的发展。

学校课程开发之所以能够实现此交互过程，是因为学校课程开发在知识、学生和课程上的理念假定所致。学校课程开发在知识假定上，虽然认同以语言文字符号为承载的知识所表征的人类认识的公共维度，但是依然对知识持地方性的理解。这意味着，以静态方式呈现的知识，虽然有其客观的形式和公共的价值，但其之于学生的个体价值，需要经由学生个体与环境的互动以实现其辩护。与此相关，学校课程开发在学生的假定上，亦同样肯定了学生作为知识创造主体的根本性地位。知识一经学生的介入，就已经实现了知识情境的重构。而学生能够在这一“新”的情境中，重新确证知识的价值，即是创造。这一知识创造的实现，实质上是以将学生这一待成熟的群体，纳入人类知识创造的共同体之中，作为知识创造共同体的一员为基础的。以知识观和学生观的重构为前提，学校课程开发在课程的假定上亦不再视课程为固定的知识集合或动态的生成过程，前者过于僵化，后者失之虚无。课程就是“道路”，它有着确定的“道”，亦有着不确定的“路”，学生经由不同的“路”而通达作为人的本质的“道”，即学校课程开发的课程理解。正是在这一理解中，学生与知识、他人的互动才得以成为可能，课程促进学生发展的价值才得以实现。

学校课程开发的价值指向学校内部的三类主体：校长、教师和学生，这是从学校内部而论的。事实上，学校课程开发还连带地涉及着社会人士和家长群体，亦对社区和家长有着积极的价值意义。比如，学校课程开发可以实现一定社会范围内不同社会群体之间的价值共识，亦可以实现家长的价值澄清等。但鉴于这些价值发生于学校“之外”，故暂不讨论。此外，学校课程开发对于文化传承与创新，尤其是对具有地方特色的文化传承具有积极的作用，在已有的相关研究中，亦视之为学校课程开发的价值。对此，笔者认为，学校课程开发对于文化的意义，其实质属于作为社会系统之一的“教育”与同样作为社会系统之一的“文化”之间的关系范畴，探讨的主题应定位于学校课程开发的文化功能，而非价值。故此，本书亦不拟从价值的角度对此种关系范畴做出讨论。

第二节　学校课程开发的价值体系构建

从课程开发主体的角度来看,学校课程开发的价值主要表现为对学校内部校长、教师和学生的发展价值,这些价值构成了学校课程开发的本体价值,亦是主体价值。学校课程开发意欲实现这些价值,就需要持续地改造处于客体端的"课程",这是学校课程开发中的客体价值属性。校长、教师和学生的整体优化,势必又会带来学校的整体优化,此又为学校课程开发的衍生价值。厘清上述不同的价值范畴,需要进一步厘清学校课程开发的价值体系。价值体系是学校课程开发中的价值观念的集合,对其进行构建有助于我们澄清学校课程开发中的主导性价值观念和从属性价值观念,亦有助于我们在观念和行为层面实现对学校课程开发中价值观念的理解和把握。

一、学校课程开发价值主体的复合性

学校课程开发价值主体是学校课程开发这一实践活动的价值旨归,亦即回应学校课程开发为谁而做的基本问题。从课程论的角度而言,这一问题似乎并无讨论的必要。无论是将课程做静态的理解,视为学习的进程或计划,还是将课程做动态的理解,视为学生在跑道上跑的过程,学生都是课程必然且单一的主体。诚然,课程最终是为了学生发展而设。然而,学校课程开发作为课程开发的实践活动,虽然其终极目标是为了学生发展,但究其过程而言,同样作为实践主体的校长和教师,也理应在此过程中获得必要的发展。

学校课程开发主体的复合性,决定了这一实践活动在价值取向上,理应兼顾不同主体的发展需求,在不同主体的发展需求之间寻求内在的关联,以使学校课程开发的价值能够聚焦于相对统一的方向之上。经由上述的讨论可知，在复合主体中，校长的发展需求集中表现为领导力的提升，教师的专业发展需求集中表现为专业生命的延长，学生的发展需求则聚焦于文化生命的生成。这些看起来具有不同指向的发展需求，从一般的主客体二分的哲学来看，实则是分裂的。基于主客二分的近代哲学，学生发展需求的实现是依靠作为客体的课程获得的。而课程，又是由教师缔造的。教师从事课程缔造的实践活动，是在校长的领导下实现的。在这样看似自然的逻辑中，课程是学生学习的客体，学生是教师教学的客体，教师则是校长管理的客体，彼此处于割裂状态。其可能遭遇的问题在于：不同层次的“主体”往往依据自身的价值倾向进行指向“客体”的改造，而无视所谓的“客体”的价值需要，致使作为“客体”的教师、学生、课程等易于成为一种工具性存在，自然难以论及其发展及需求的满足。

在学校课程开发中，课程开发复合主体的构建，必然要求抛开主客二分的思维方式，使不同的主体呈现出“你中有我，我中有你”的融合、复合状态。立于生命存在的高度，从校长作为领导者的角色而言，是因为有教师的存在，才有作为领导者的校长。因此，教师的生命存在状态，表达了校长作为领导者的领导力。或者说，校长的专业领导力就是教师的生命存在状态。如果说教师能够在专业生活中展现出蓬勃的专业生命力，实质上即意味着作为领导者的校长的领导力的卓越。因此，校长领导力的发展需求，亦是教师教育生活中生命力的绽放。与之同理，教师之为教师，是因为作为“学习着的生命”的学生存在。只有当学生处于积极的学习状态之中，以生命在场的姿态投入学习生活之中，教师方称其为教师。在此逻辑中，无论是教师的专业生命力的展现，还是学生积极的学习状态的呈现，其背后都始终遵循着“以人育人，以人化人”的教育之道。作为专业领导者的校长以“先行者”“领头羊”的姿态，带领作为专业共同体的教师共同发展；教师则以“先觉者”的姿态，引领作为“后觉者”的学生共同发展。立于生命存在的高度，教师的专业生命存在于学生的学习活动之中，校长的专业生命则又存在于教师的专业生活之中。无论是学生的学习活动，还是教师和校长的专业生活，实质都是作为学习者的文化实践活动。恰在此意义上，校长、教师和学生所构建的复合主体，实是“文化实践主体”。

鲍曼(Zygmunt Bauman)在《作为实践的文化》一书中指出：“文化就是将知识和旨趣融为一体的一种人类实践的方式。”[①]文化实践是人类改造世界过程中创造文化产品和精神成果的对象化活动。文化实践主体的兴趣和意向参与着他们的文化实践，从而使其实践活动具有自主性。因此，文化实践主体可以是多样化的形态。在学校课程开发中，校长、教师和学生正是以自己的兴趣和意向，参与着改造课程的实践，并在这一过程中，实现自身价值发展需求的满足。其中，校长的旨趣在于不断提升自身的专业领导力，成为教师群体中的“领头羊”；教师的旨趣在于不断提升自我的专业能力，以学习者的姿态成为学生群体中的“先觉者”；学生的旨趣则在于不断提升自我的学习力，在学习生命的展开过程中成就教师的生命存在。这三类不同的文化实践主体，恰恰都是通过对课程这一对象化的改造而实现的。在面向课程的对象化改造活动中，校长、教师和学生在不同的层次上担负着不同的文化使命。校长通过方向引领和愿景规划，在整体理念上回应“改至何方”的方向性问题；教师通过价值澄清和内容重构，在实践中回应“为什么改”和“改什么”的目标与内容问题；学生则通过课程知识的价值发现与辩护，在具体情境中回应“改得如何”的实践性问题。这三重层次的课程改造，依赖于三方的共同参与、彼此协作，无法在单一主体的活动中获得实现。

二、学校课程开发价值客体的复合性

学校课程开发的客体亦呈现出复合性的特点。学校课程开发的客体是能够满足主体发展需要的对象物。从学校课程开发涉及的对象来看，它至少涉及国家开发的课程产品，如教科书、课程标准、课程计划等；它还涉及地

---

①齐格蒙特·鲍曼.作为实践的文化[M].郑莉，译.北京大学出版社，2009：285.

方开发的课程产品,如地方性的课程实施方案、地方课程等;此外,学校课程开发作为植根于特定文化情境中的实践活动,不可避免地会将当地文化,如仪式、活动,以及实际的生活生产内容,纳入课程开发的对象范畴之中,使之成为学生发展的智慧源泉。就此而言,学校课程开发的对象也是呈复合状态的。

学校课程开发价值客体的复合状态亦呈现出融合性。学校课程开发的客体主要指向国家或地方的课程产品,及具有"地方"意义的文化和具有过程性质的"活动"。国家或地方的课程产品的主要构成是知识。从发生论的意义上来讲,知识、文化与活动实是三位一体的内嵌结构。活动构成文化,文化生成知识,活动和文化内在于知识的深层结构之中。具体而言,任何知识从其发生而言,总是人们在特定的情境中,通过人和环境之间的互动而获得的"地方性"的认识。在这一实践过程中,作为知识生产者的主体有其特定的价值观念及行为方式,这些特定的价值观念和行为方式,连带其获得的认识性成果,往往会生成带有地域特征的"文化"。比如,中医的背后不仅有着中国人对于"天人合一""阴阳五行"的认识与见解,还有望、闻、问、切的诊疗规范和行为方式以及由此所构建的一整套关于疾病分类、认识、治疗的知识体系。它们共同构成了中医文化,并富有中国本土的"地域"色彩,其合理性的阐释,依赖于中国文化的整体语境。而随着这些认识逐渐以"标准化"的方式加以处理,并逐步摆脱对语境的依赖时,就成了可以在公共领域流传的"知识"。

学校课程开发既面对脱离语境依赖的"知识",又植根于特定的地方文化之中,联结二者的,是知识或文化所共享的"语境"。不同之处在于,知识是脱离了语境的文化,文化是依赖于语境的知识,无论是知识的语境重构,还是文化的语境摆脱,都离不开主体的实践活动。为此,从对象角度而言,学校课程开发可以视为经由主体的实践活动,重建知识文化性的过程。这一过程决定了学校课程开发对象的综合性。当课程开发主体面对"知识"时,要致力于实现知识的活动化和境域化,使知识转化为主体的知识建构过程和情境辩护过程，恢复知识的文化品性，从而实现“以文育人”。当课程开发主体面对“活动”时，要致力于赋予活动以知识的品性，通过知识的引入和文化的介入，使学生能够超越活动的时空限度，在活动中将历史带入现实，以在人的类本质中成就自我。当课程开发面对“文化”时，课程开发的主体应致力于实现文化的知识性和活动性，亦即寻找“文化”中内在蕴含的普世价值和行为规则，而非囿于文化的“地方性”，未及其“开放性”。上述三类对象彼此之间的融会贯通，为学校课程开发提供了必要的可能性。

三、学校课程开发的主导价值在于“文化生命”的生成

从生命发展的高度而论，学校课程开发的主体具有复合融合态，校长、教师和学生以各自的生命活动方式，成就彼此的生命存在，亦以各自的生命发展，成就彼此的生命发展。从文化发生的角度而论，学校课程开发的客体亦具有复合融合态，知识、活动和文化三者是彼此承继、相互包含的内在嵌入关系，活动铸就文化，文化凝练为知识。由此，学校课程开发可以被理解为不同文化实践主体，通过对作为对象的知识、文化和活动进行改造，以满足自身发展需要的过程，亦是个体“文化生命”再造的过程。这是学校课程开发的主导性价值所在。明确学校课程开发的主导性价值，从价值论的角度决定了学校课程开发“是其所是”的内在规定性。

“文化生命”的概念，是有别于“自然生命”的，指向的是学校课程开发过于偏重学生本能的“兴趣”“爱好”“特长”等自然属性的弊端。“文化生命”的概念，还有别于“工具生命”，指向的是将教师发展以学生发展为目的的工具化论调中的弊端。文化生命是物质性的“生”和精神性的“命”相统一而展现出的人的存在状态。这一生命存在状态，是在个体与自然、他人及历史文化的交互中生成的。将学校课程开发的主导价值定位于“文化生命”的生成，彰显的正是课程开发中的转化生成与互动交往的意蕴，以实现价值客体与价值主体之间的调和共生。具体而言，“文化生命”主导价值下的学校课程开发，具有如下主张：①在学校课程开发中学生发展与教师发展的关系问题

上,“文化生命”主导下的学校课程开发强调“师生共进”,主张通过教师群体的文化再造,实现对学生生命发展的引领。②在学校课程开发中学生发展和文化知识的关系上,“文化生命”主导下的学校课程开发强调“以文化人”,主张通过知识与文化的情境辩护,使学生在获得人类文化的过程中实现个性发展。③在学校课程开发中校长发展和教师发展的关系问题上,“文化生命”主导下的课程开发强调校长作为教师群体的“领头羊”,通过校长自身的价值引领和行为改变,实现教师群体的发展,亦实现校长领导力的提升。④在学校课程开发中学生群体内部发展的关系问题上,“文化生命”主导下的课程开发强调学生通过共同的知识价值辩护活动,在对话与交往中实现共同价值观念的生成。

基于上述主张,可以看到以“文化生命”的生成为主导价值的学校课程开发,呈现出清晰的“人一人”的课程立人的逻辑。它有别于既往“人一课程一人”的课程育人逻辑。这一逻辑将人的发展视为课程开发的根本价值,意图通过课程的情境再造的过程,实现不同主体在其中“共同成长”的价值愿景。为了应对多元价值社会不同价值主体之间的差异与分歧,学校课程开发以“文化生命”的生成为主导价值,正是要在课程对于社会价值的公共性、整合性和承继性上有所突显。价值的公共性是指课程这一客体对不同主体所具有的普遍效用和意义。学校课程开发不再是单一地指向学生个性发展的活动过程,而是以“文化生命”这一最大公约数,对校长、教师和学生的共同成长做出价值承诺。价值的整合性是就不同主体之间的价值分化而言的,是不同主体经由学校课程开发,通过对话、交往、合作,不断调适自身价值需求以达成共同价值规范的过程。价值整合并不是价值的单一化,而是在核心文化的引领下,实现不同生命体的个性发展。学校课程开发以“文化生命”为价值旨归,即强调在共同文化的价值发现与辩护中,实现不同生命体的个性成长。价值的承继性是指课程对于社会主流价值的继承与创造。学校课程开发正是通过对已有知识和文化的价值辩护,使知识在新的情境中获得生命力,从而实现价值继承的。基于此,将“文化生命”的生成作为学校课程开发的主导价值，不仅可以凸现作为课程开发主体的应有地位，同时也彰显了学校课程开发对于知识公共意蕴的尊崇。

四、学校课程开发的从属价值是学校更新和文化传承

学校课程开发以“文化生命”的生成为主导价值，其中蕴含两个基本维度：一是人的发展，二是文化的承继创新。“文化生命”生成的实现，所带来的必然是作为学校主要构成的人及其活动方式的变化，亦即学校更新。文化的承继创新，则在文化传承的维度上实现着其价值。学校更新和文化传承，共同构成了学校课程开发的从属价值。

将学校更新和文化传承作为学校课程开发的从属价值，是因为于学校课程开发而言，学校更新和文化传承的价值具有间接性的特点。从目的论的角度来看，课程回应的是“以何育人”的问题。换言之，课程的目的是育人。学校课程开发的终极目的亦是育人。学校和文化的存在，亦是因为人的存在与发展而有其价值的。因此，在学校课程开发中，人的发展始终是其最根本，亦是最直接的目标。人的发展构成了学校更新和文化传承的根基。学校更新的实质是学校文化更新，既包括学校硬件更新，更应该包括学校的“软件”更新，亦即学校精神文化的更新。学校精神文化更新的核心是理念更新与价值重构，外显于学校相关人员的行为改变，这些最终都诉诸学校中人的发展。文化传承当然可以通过典籍等方式加以实现，但书本、典籍所保存的，往往只是关于文化的符号。文化的真正意义，需要通过“活化”，在当下的生活境域中，确证其合理性。这一过程，自然也是以人为载体的。没有发展着的人，就没有发展着的文化。在此意义上，学校更新和文化传承只能是学校课程开发中居于从属地位的价值追求。

将学校更新和文化传承作为学校课程开发的从属价值，意味着在学校课程开发中，以校长、教师和学生为主体的“文化生命”发展具有优先地位。有一种观点认为，人是环境的产物，要实现人的改变，理应优先改变环境。为此，在学校、文化和人的关系上，一种思路是优先变革学校和优化文化。

基于这种观点，一些学校在课程开发的过程中，优先考量的是自身的传统、历史及优势，着力于自身环境的优化改进，意在通过文化选择实现个体的发展。诚然，这种观点及做法有其合理的一面，但忽视了另一个重要的方面：人不仅是环境的产物，人更创造、改变着环境。可以说，环境根本上还是基于人的意志和需要而被改造的。这至少意味着：其一，学校环境的改变和文化的优化，以人的发展为前提；其二，学校环境改变和文化优化的根本目的，是促进人的发展。那种将文化传承与学校更新作为优先价值的学校课程开发，表面上看构建了学校特色发展、本土文化传承与个体发展的之间的可能逻辑，但实质上却将个体性置于狭隘的学校性、本土性之中，未能打开个体成人与历史文化之间的必要通道。事实上，从“地方性文化”的观念来看，置于一定文化之中的个体，其发展需求更可能是“外求”而非“内守”的。“局外人”视角下的个体发展需求及其价值诊断，可能有失偏颇。

第三节　学校课程开发价值的实现

学校课程开发的价值在于实现作为复合主体的校长、教师和学生"文化生命"的生成与发展，并通过校长、教师和学生的发展实现学校的整体更新和文化的传承创造。这一价值从理论走向实践、从预期走向现实，还需要进一步讨论其实现途径。

一、知识价值的情境辩护是学校课程开发价值实现的基本途径

学校课程开发价值的实现，根本上是基于作为"知识"与"发展"之中介的"实践"。这一实践，亦即知识价值的情境辩护。知识价值的情境辩护，倡导知识的语境主义特质。境域性知识并不是指特定的、具有境域特征的知识形态，而是一种有关知识的观念，这决定了学校课程开发的使命。在任何具体的知识形态上去理解境域性知识，都意味着它是可以感知的实体形态，为知识之"器"，属于知识表层的符号体系。而知识观念所强调的则是"以抽象的存在方式蕴涵着人们的价值预设、态度等"[①]，实为知识之"道"。境域性知识不同于怀疑主义，并不是对知识普遍性基础的否定，而毋宁是对知识生成与辩护的情境条件的强调。境域性知识所关注的实际上是"将知识置于具体语境中，从实践的角度重新考察知识"[②]，从而获得对知识的全面理解。因此，从境域性知识的角度来看学校课程开发，其核心并不是要在国家课程、地方课程所表征的普适性知识之外，寻觅那些富有"特色"的诸如地方历史遗迹、地方名士、民俗风情和方言艺术中的"文化片断"，而应该着眼于方

① 么加利."地方性知识"析——地方课程开发中知识选择的思考[J].教育学报，2012(4)：34－41.

② 王娜.语境主义知识观：一种新的可能[J].哲学研究，2010(5)：89－95.

法论层面,注重知识视野的流动、开放与延展性,在实践的情境中以多元的标准对知识生成展开辩护。由此,学校课程开发的根本使命在于将国家课程中的普适性知识引向受教育者现实的生活境遇中,并在处理受教育者的“境域性问题”的过程中,彰显普适性知识的意义与效度。

知识价值的情境辩护作为学校课程开发价值实现的基本途径,根本上是由于知识价值的情境辩护是置于情境中的实践。如前所述,既然知识依附于具体的情境而存在,根植于发现和生成知识的实践中,那么,对这种知识的辩护必然是既非形式的,又非先验的。从历史角度来看,关于“辩护”大约有三种不同的形式:一是基于事实的“论题的论辩”;二是基于逻辑根据的“形式的论辩”;三是基于论辩本身之必要条件的“元论辩”,亦即“先验论辩”。学校课程开发中的知识论辩当属基于事实的“论题的论辩”,具有如下三个基本的特征:其一,知识价值辩护不是中立的,而是有价值负载与立场的。任何主体介入知识的价值辩护,都有其“先见”与“成见”。其二,基于事实的辩护反对方法,它总是具有情境依赖性,因此,并不存在所谓的常规可以作为知识价值辩护的依循,它诉诸情境中主体的“实践智慧”。其三,与上述两点相关,知识的价值辩护既然有其立场,且诉诸个别的非普遍性知识,那么,知识的价值辩护总是体现在知识、个体与情境的交互实践之中,它突出地表现为主体的介入与参与。介入意味着对情境的重构,参与意味着共同主体的形成,而居于共同主体与环境之间的,则是探究、对话、交往的知识实践活动。正是在知识的实践重构过程中,实现着学校课程开发促进生命发展、学校更新和文化传承的应有价值。

二、主体的情境介入是学校课程开发价值实现的主观维度

学校课程开发价值的实现,首先在于主体对情境的介入。情境是由特定的文化、价值观、利益及与之相关的立场和视域构成的。文化、价值观和利益相关自然是有涉主体的。甚至从根本上来讲,正是因为主体的存在,文化、价值与利益才有得以存在的负载。在此意义上,主体理应是情境结构的核心所在。主体一旦发生变化,情境自然随之而变。人们往往认为,情境更

多指涉的是客观存在的物理环境，并不以人的意志为转移，故而常常忽视情境中的主体，甚至将主体视为特定环境改造的对象。在学校课程开发中，受此种观点的影响，作为课程开发主体的校长、教师和学生，往往并不能真正发挥主体的作用，无法彰显自身的价值倾向与利益关涉。表面上看，校长、教师和学生是课程开发的主体，但实际上其自身的已有经验、价值倾向和利益关涉却往往受制于摒弃了主体的文化环境。于是，民族地区的学校，其课程开发往往是民族特色的活动、艺术、体育等；临近海洋地区的学校，其课程开发往往与海洋资源相关。这些做法当然是充分利用了当地的课程资源，但其不足之处在于：对处于特定地区的“文化持有者”而言，他们真正希冀和需求的，往往并不是对在地文化的传承，而是开放的他域文化，或是在地文化的他域生成与辩护。在学校课程开发中，只有凸显特定主体的价值观念、文化负载和利益关涉，才能真正发现学校课程开发的特定情境。

三、知识的情境融入是学校课程开发价值实现的客观维度

学校课程开发价值的实现，还在于知识与情境的融入。如前所述，情境是特定的文化、价值负载与利益关涉所形成的场域。表面上看，知识是价值中立且利益无涉的，并不存在知识对于情境的融入。甚至从根本上来讲，知识本身就意味着普遍性的见解，其根本的特性就是去情境的。基于这种认识，知识自然与情境无关。在学校课程开发中，知识理解的普遍主义所造成的困境在于：要么在学校课程开发中拒斥知识，要么将一些富有地方特色的文化做“知识化”的处理。在学校课程开发中，普遍存在的编写“校本教材”的做法，正是知识理解普遍主义的外在表征。因此，知识对情境的融入，首要的问题在于重构知识的境域性，以消解知识理解的普遍主义。知识的境域性至少可以从两个方面获得说明：一是就知识的符号表达而言，承载知识的符号在不同的情境中往往会指称不同的对象，由此构成知识的索引性特征。在人类学者塞蒂娜（Karin D. Knorr-Cetina）的理解中，索引性是指“在某一时间和空间语境中的言辞的确定，最终是意会规则（tacit rule）

的确定”[①]。二是就知识的使用而言，它往往也与特定的情境相关。知识的有效性取决于它在具体情境中的使用。比如，一种科学知识能否获得验证，它与特定情境中的仪器设备、操作方式等密切相关。就此而言，学校课程开发的核心并不在于给特定情境中的师生呈现特定的“知识”，而是知识在情境中的辩护，亦即发现知识的情境，并对新的情境加以重新构造，以实现知识的重新叙事。唯其如此，知识才有可能成为真正的“力量”，使课程开发促进主体发展的价值得以实现。

四、知识与主体的共生是学校课程开发价值实现的终极状态

学校课程开发价值的实现，最后在于知识与主体的共生。学校课程开发的根本价值在于主体的生命发展。无论是将主体嵌入情境之中，还是将知识嵌入情境之中，根本目的都在于使学校课程开发中的主体能够以自觉自为的状态，获得在情境中进行“知识实践”的可能性。在学校课程开发中，作为课程开发的主体要通过主体的探究、对话与交往，实现知识和主体的共生。“个体知识”与“主体间性”充分表达了这一共生状态。个体知识表达了公共知识的个体化，这是具有普遍形式的知识的情境性重构的必然，意味着知识通过个体的价值辩护行为，不仅改变了具体的情境，还同时生成着个体知识。当然，知识的个体化并不意味着它完全是一种主观的、封闭的行为过程，它是在不同主体之间，通过交往、对话、论辩而实现的，有其“主体间性”，是具体情境中特定群体之间的“共识”。因此，从校长和教师的维度而言，要致力于实现教师知识、管理知识在具体学校情境中的意义，以促进校长和教师的共同发展；从学生发展的维度而言，就是要让不同的学科知识与学生不同的生活经验有机结合，以实现对于学生发展的意义。概言之，知识依存于情境，显现于使用。脱离了主体的知识只是僵化的“符号体系”，而离开了知识的主体亦只是空洞的“自然生命”。只有通过知识与主体的共生，才可能实现学校课程开发的真正价值。

---

①卡林·诺尔—塞蒂娜.制造知识——建构主义与科学的与境性[M].王善博，等译.北京：东方出版社，2001:64.

第四章　学校课程开发过程论

学校课程开发实质上是调适课程以适应具体学校情境的过程，对这一过程做进一步的探讨，不仅有助于加深对学校课程开发本质的理解，亦是实现其价值的必然要求，是学校课程开发从理论走向现实的前提性问题。从过程论的角度探讨学校课程开发，就是要进一步澄清学校课程开发中诸要素的相互作用关系，明晰学校课程开发理应遵循的基本程序和阶段。

第一节　学校课程开发的要素及其作用关系

要素通常是在系统的意义上指涉的，是构成系统的基本单元。探讨学校课程开发的要素，是从系统论的角度审视学校课程开发的基本单元及其作用关系。即便如此，基于不同立场和视角，对学校课程开发这一系统的认识也会存在重大分歧。

一、目标系统观下的学校课程开发要素

如果将学校课程开发看作一种以目标为主导的系统，那么，我们自然会想起在课程理论中居于经典地位的“目标模式”。在这一模式中，泰勒所构建的课程开发系统需要回答四个基本问题：课程要实现怎样的教育目的？实现这一教育目的要选择怎样的经验？所选择的经验应该如何加以组织？如何评估教育目的实现？依据这四个基本问题，“目标模式”的课程开发系统中，其要素依次是目标、经验选择、经验组织和评价。在这四个要素中，目标不仅统领着经验的选择与组织，更是课程评价的基本准绳。正因为此，“目标模式”所构建的课程开发系统，实质是一个充满技术理性与控制旨趣的封闭系统。在这一系统中，作为预期学习结果的目标拥有至高无上的地位。与之相关的则是作为“主体”的教师、学生在此系统中的隐匿。在“学校即工厂”的隐喻中，教师成为标准化生产线上没有思想的工人，而为教师所操纵的，则是如同材料一样的学生心理和行为。课程开发的“目标模式”的操作主义、工具理性等理论上的缺陷虽然不断为人们所批判，但人们从来都无法脱离“目标模式”所构建的课程开发系统。近年来，随着“顶层设计”和“核心素养”等概念的提出，学校课程开发似乎越来越要走在“目标模式”的

道路上，尝试回答“培养什么样的人”这一核心问题，并进而选择、组织经验，展开评价。客观而论，作为现代意义上具有科学典范的课程理论，“目标模式”所构建的以目标、经验选择与组织、评价为要素的课程开发系统，大约是任何课程都无法回避的基本结构。

“目标模式”的不可回避，并不意味着对其构建的课程开发系统的全盘接受。就这一系统的内在结构及其相互关系而言，“目标模式”所构建的课程开发系统是逻辑自洽的。然而，这一系统的自洽性至少基于两个前提性假定：其一，人是可以被设计的客观存在之物；其二，课程中知识或经验的选择是以其工具价值为准则的。一种知识能够进入课程之中，是因为它是能够实现目标的手段与凭借，而非因为知识固有的内在价值。在第一个假定中，人之所以可以被设计，根本上是因为人的“预成性”。然而，现代哲学早已高高扬起人的主体性大旗，彰显着人的生成性。其中，胡塞尔主张回归前科学、非主题化的生活世界，哈贝马斯(Jürgen Habermas)提出作为知识和社会批判理论意义基础和价值之源的生活世界，以及后经验主义者所关注的日常生活等，都不约而同地表达纯自在的、随意的世界。在这样一个世界中，人当然充满着自由、个性和生成性。如果说这里人的生成性过于消解共性，那么，马克思建立在人的对象性理解基础上的人的生成性，则在实践的概念范畴中将日常生活和非日常生活加以统一，从而使人的生成能够在连续性、确定性的维度上具有历史和现实的根基。撇开其中的分歧不论，人的生成性本质是现代哲学的基本共识。既然人是生成性的存在，那么，在“原子论”的意义上对人的发展做出分解，并进而设计课程的思维方式自然难以成立。在第二个假定中，知识自然有其外在的工具价值。近代以来，培根“知识就是力量”的名言，所表达的正是用知识改造世界的愿景。然而，知识价值的工具主义阐释，所造成的后果则是课程对人的遗忘。无论是将知识视为改造世界的力量，还是将知识视为用以应对考试的“工具”，其根本性的后果在于遗忘了教育世界中的“人”，以及知识理应具有启蒙人的内在价值。知识之所以能够实现人的启蒙，是因为知识意味着对人的理智、探究和独立意识的唤醒。斯滕豪斯对此显然深有洞察。在他提出的关于鉴别教育活动内在价值的12条标准中，关于儿童的主动、探究、批判、“冒险”等表征着探究与建构式的学习活动的行为特征频频出现，正是基于对知识内在价值的强调。

二、走向开放系统观的学校课程开发要素探析

基于人的生成性和知识的内在价值来讨论课程开发的系统特性，课程开发就会从封闭系统走向开放系统。作为开放系统，其要素必然不是一种结构化的静态存在。斯滕豪斯的过程模式通过对知识和教育活动的内在价值的确认，鼓励学生探索具有教育价值的知识领域，进行自主的活动。这一模式并未给出关于课程开发系统的具体构成要素。然而，透过相关过程模式的基本主张，我们依稀可以对此模式下的课程开发要素做出推论。这些基本主张包括：①课程开发的根本任务在于选择活动内容，建立关于学科的过程、概念与标准等知识形式的课程，并提供实施的“过程原则”；②学生是积极的活动者，课程应给学生提供足够的活动空间，学生在自主而有能力的活动中实现潜能的发展；③教师是研究者，教师对课程问题的研究是课程开发的前提；④教师与学生是共同的学习伙伴；⑤课程开发应该根植于实际的教育情境之中。透过这些基本主张，所谓的课程开发，实质上就是教师和学生在具体的教育情境中，通过自主活动探索具有教育价值的知识领域。其基本要素应为教师、学生、教育情境和知识。师生、知识和情境之间的交互作用是其基本关系构成。

学校课程开发作为以学校为主体的课程调适过程，它既有课程开发的共性，亦有其独特性。从共性的方面来讲，作为课程开发，它必然是一套行为过程。无论是作为封闭系统的课程开发，还是作为开放系统的课程开发，都必然要寻求课程开发中要素之间的恰切关系的构建。从个性的方面来讲，学校课程开发是以学校为主体的课程开发活动，其特殊性至少有如下几个方面：其一，从课程开发的主体来讲，它以学校为主体。学校作为课程开

发的主体，实质上就是以学校的校长、教师和学生作为课程开发的主体。它既不同于国家课程开发中对于教师和学生的"对象化"思考，亦不同于课程开发的经典理论中对于教师和学生的"匿名化"处理。校长、教师和学生实际地参与着课程的建构。其二，从课程开发的对象来讲，它不再直接面对人类共同的文化经验，更为直接的对象是国家和地方已经开发完成的课程产品。它必然地要在国家和地方已有的课程框架下实施课程开发。其三，从课程开发的情境来讲，课程开发的"目标模式"是去情境化的，国家课程开发和地方课程开发中所考虑的情境亦是具有共性的普遍情境。学校课程开发所立足的是特定的情境，亦即作为学校主体特定的价值倾向、文化关涉与利益诉求。学校课程开发的上述特殊性决定了此系统更倾向于课程开发中知识、主体与情境之间的交互关系，而非机械僵化的操作程式。换言之，在"目标模式"的课程开发系统与"过程模式"的课程开发系统之间，作为开放系统，彰显交互性的"过程模式"的课程开发阐释，更适宜于学校课程开发。

三、作为开放系统的学校课程开发的动力机制

作为开放系统的学校课程开发，主要是由教师、学生、知识和情境这四个要素共同构成的。在"目标模式"理论视野中的课程开发系统，其要素在目标的催动下有序展开，构建了清晰的从目标到经验选择、经验组织与评价的要素作用关系。将学校课程开发理解为开放系统，其要素虽然包括教师、学生、知识和情境，但这四者之间的相互作用关系，却并不明晰。为此，进一步探讨作为开放系统的学校课程开发的动力来源与运行机制，十分必要。

施瓦布曾对课程开发的动力来源和运行机制问题有所涉及。在"实践模式"的课程开发理论中，施瓦布提出了两种实践的艺术：观察的艺术和问题形成的艺术。而艺术形成的前提恰恰在于维持现在机构和制度的前提下，发现并明晰其中存在的矛盾、冲突与问题。通过观察者的慧眼发现实践情境中的问题，并对问题的细节加以确认，做出系统表述，这是教师和学生课程实践的逻辑起点。问题表征了课程系统中的矛盾状态。对于学校课程

开发而言，这一矛盾表达了以静态方式呈现的课程知识和主体积极主动的个体活动之间的冲突，表达了知识的普遍性与文化的情境性之间的冲突，也表达了整齐划一的课程标准化追求和充满个性的主体个性化追求的冲突。在这些冲突中，静态呈现与主动活动之间的冲突属于手段层面，知识普遍性和文化情境性之间的冲突属于载体层面，标准化和个性化之间的冲突属于目的层面。恰恰是因为这些冲突的存在，才有教师调适课程、进行课程开发以适应具体情境的内在诉求，亦是学校课程开发的动力来源。学校课程开发系统中教师、学生、知识和情境的相互作用关系，正是围绕上述冲突的解决而构建的。

学校课程开发的首要冲突在于目的层面，是课程整齐划一的标准化目标追求和主体个性发展的冲突。这里的主体个性发展，当然不仅包括学生的个性发展，还包括教师的专业发展和校长的领导力发展。在国家课程开发与地方课程开发中，校长、教师是处于不参与的状态的。西方早期"中心本位"的课程开发甚至是"防教师"(teacher-proof)的。因此，在国家课程与地方课程的框架下，校长和教师的发展是虚置的。与之相关，国家课程开发与地方课程开发中的学生亦是抽象的存在。无论如何考量学生的心理发展水平或年龄特征，这里的"学生"都是在抽象意义上被指涉的。正因为此，每一所具体的学校所采纳的国家课程或地方课程，共性大于个性。如果校长严格按照课程计划和实施方案实施课程，教师严格根据课程标准或教学大纲实施教学，不仅校长的领导力无法彰显，教师的专业发展成为空谈，学生的发展也同样难以实现。要解决这一冲突，首先要求校长、教师发挥其主体作用。一方面，他们是理解课程、构造课程的主体；另一方面也是理解学生、发现情境的主体。换言之，校长、教师一方面与既定的国家课程、地方课程之间发生着互动，另一方面也与学生和学生所置身的具体教育情境发生着互动，并试图在双向的互动中实现课程与学生、情境之间的调适。

学校课程开发面对的第二重冲突是知识的普适性与文化的情境性之间的冲突。学校课程开发是在国家课程开发与地方课程开发的整体框架之下展开的。国家课程开发与地方课程开发中的知识，往往都是"放之四海而皆准"的普遍性知识，讲求的是客观性、普适性与真理性。国家课程开发与地方课程开发假定的是和谐统一的文化情境，并不注重文化情境的差异性。然而，这种所谓的和谐统一的文化观念，实质上不过是本质主义、中心主义和霸权主义的文化阐释，它忽视了文化的异质性、独特性和差异性，而一味强调以西方为中心的科学主义知识的绝对地位。但事实上，不同地区、不同文化情境中的人们往往持有不同的价值观念，亦有属于他们自己的"知识"。只有当课程中负载的这些普遍知识能够转化为具有情境依赖的意义系统，才能真正成为当地人的知识。如何实现看似具有普适性的"知识"能够在不同的文化情境中的意义赋予，是学校课程开发必须予以思考的问题。对这一问题的解决，一方面依赖于作为文化主体的校长、教师和学生对其置身的文化情境的自觉，即以"局内人"的眼光审视自身的文化情境，理解其价值观念与行为方式；另一方面，依赖于作为课程开发主体的校长、教师和学生，对国家课程与地方课程中知识所蕴含的文化进行梳理、反思与重构，对知识的深层结构做出剖析。在此基础上，致力于普遍性知识和地方性文化之间的双向互动，既实现着普遍性知识的文化转化，又实现着地方性文化的知识生成。在这一冲突的调适过程中所构成的互动，实质上是以校长、教师和学生为主要构成的主体与知识、环境之间的双向作用关系。

学校课程开发的第三重冲突来自知识静态呈现的外在表征与学生的主动活动的内在需求。学生发展离不开学生的主动活动，这是教育的常识。然而，国家课程开发和地方课程开发所形成的课程产品，其核心是教科书。教科书的内容又以学科知识为主要承载，其外在表征是静态的。在课程实施中，将教科书静态呈现的知识传授给学生的做法，根本问题就在于忽视了学生的主动活动。静态呈现的知识与学生的主动活动之间可能的联结在于知识的实践本质，即任何知识从发生论的意义而言，总是基于人们在特定情境中的知识生产实践活动而生成的。因此，重构知识的实践品性是消解此冲突的可能之道。重构知识的实践本性，一种可能是依赖学生与知识之间的对话，即学生能够通过教科书呈现的符号系统，走进知识得以发生的历史文化情境之中，从而发现并理解特定知识发生的实际过程。另一种可能则在于，学生在当下具体的现实情境中，对教科书所呈现的知识符号系统展开价值辩护，使这些静态的知识能够在当下情境中获得意义赋予。前一种路径是学生走进知识，即学生进入历史文化的深处，去感受并体验知识发生的过程；后一种路径则是知识走进学生，即知识在学生当下的现实生活中，通过其价值实现获得意义。无论是何种路径，都体现了作为学校课程开发要素的学生和知识之间的互动。

基于上述讨论，学校课程开发作为开放系统，是由教师、学生、知识和情境四个要素构成的互动过程。从教师角度看，教师与学生、知识、情境之间发生着不同层面的互动，致力于课程目标的调适、文化情境的自觉与调适。从学生角度看，学生主要的互动对象是知识，通过互动进入知识的发生过程，或将知识在现实情境中进行价值辩护，是这一互动的基本描述。从教师角度看，基于与学生和知识的双向互动，创建促进学生发展和知识转化的生动教育情境，是其互动的使命所在。在上述互动过程中，校长作为教师群体中的“领头羊”的作用，主要体现在学校课程开发的系统内外，即向内基于对学校教育情境的深刻理解和对学生、教师发展需求的洞悉，和向外在对国家课程、地方课程及外部环境的把握的共同基础上，指明适应性改造的价值追求和努力方向。虽然校长的行为指向更为宏观的层面，但其互动的对象和具体行为与教师具有高度的重合性，因此，对其互动不做单独讨论。

第二节　学校课程开发过程的本质

基于学校课程开发作为开放系统的理解，学校课程开发就是教师、学生、知识和情境这些要素之间相互作用，以解决冲突的过程。然而，这种相互作用的关系状态仅是描述性的，并未深刻阐释学校课程开发中不同要素之间互动的内在本质。为此，还需要进一步探讨学校课程开发的本质意蕴。

一、学校课程开发本质：学校情境中的实践解释

探讨学校课程开发的本质，自然不能脱离学校课程开发过程中的行为表征。在学校课程开发中，可以看到学校中的两类主体，即教师和学生，与国家课程和地方课程中的知识，以及教育情境之间发生着互动，并通过这一互动，实现着主体和对象的双重改造，一方面建构着关于知识的意义，另一方面实现着自身的发展。显而易见，这一过程的首要特征在于实践。这里的实践有三重含义：其一，它意味着作为主体的教师和学生，是切切实实地通过"做"的方式，在行动中实现学校课程开发的；其二，从学校课程开发的根本意蕴而言，它并不主张以理论的方式去解释世界，而是以行动的方式去改造世界；其三，就学校课程开发的实际效应而言，它不仅实现了关于课程和知识的改造，亦在改造对象的过程中实现了教师和学生的自我发展。因此，学校课程开发首先具有实践的特征。而这一实践是以理解为基础的。譬如，教师对学生、情境和知识的理解，学生对于情境、知识的理解等。事实更是，教师和学生的一切实践本身就已经包含了关于知识、情境的理解。基于此，本书认为，学校课程开发的本质是学校情境中的实践解释过程。

学校课程开发作为学校情境中的实践解释过程，首先区别于将学校课

程开发等同于“实践”的观点。这里的“实践”指的是与理论相对的“做”。客观而言，学校课程开发当然是学校主体的实践活动。然而，受制于理论与实践二分的观点，我们常常认为，作为学校主体的教师、学生在学校课程开发中，是在理论指导下进行的课程开发实践。表面上看，这一实践过程中的教师和学生是作为行动的主体而存在的，但实际上，他们的主体身份却是虚无的。究其原因，主要有两点：其一，受制于高高在上的理论，作为行动者的教师和学生自身的“前理解”并不会被带入学校课程开发的实践过程之中。他们更可能会以“理论”或“知识”去衡量自己的“前理解”，将理论视为标尺，以衡量自我“前理解”的偏差和错漏，并加以修正。其二，受制于学校课程开发所要作用的“对象”的历史视域的影响，学校课程开发的实践主体往往又是依附于对象的。如前所述，学校课程开发的实质就是寻求国家课程或地方课程与学校情境之间的适应性。但在人们的观念之中，国家课程或地方课程所代表的就是官方意志和主流文化，它本身就具有普适性等，无不构成了关于这些“对象”的历史视域。受制于此，教师往往只会机械实施，而无暇创生。主体地位的虚无带来的教师和学生在学校课程开发中缺乏必要的文化自觉，不仅表现为对作为课程开发对象的国家课程、地方课程、知识和情境的理解缺失，更表现为对自己内在需求、价值观念和文化立场的“不自觉”。换言之，在此影响下的学校课程开发实践，是从属于理论，并依附于对象的“做”。然而，当主体隐匿，实践又何能称其为实践呢？将学校课程开发的过程本质描述为学校情境中的实践解释，正是要在实践与理解的同构中，赋予实践以鲜明的主体色彩。

学校课程开发作为学校情境中的实践解释过程，还要和将学校课程开发视为“理解”的过程有所区别。在解释学的视域里，理解最早指向的是对于文本的解读、释义，与实践并无关联。之所以作如此理解，是因为在解释学的基本假定中，文本即是真理或意义的载体，是作者赋予和给定的。恰恰因为文本的真理承载属性,“理解与解释历史是对已失去的进行重建”[1]的观点自然得以成立。这一观点实质上就是“复原说”,早期的解释学就是为了避免理解中的偏差或曲解而产生的一门学问。施莱尔马赫(Friedrich Daniel Ernst Schleiermacher)就曾指出,文本是历史遗留之物,读者与作者在时空上的差距,使构成文本的语词及背景都发生了变化。如果读者以当下的情境去解读过去的文本,必然会产生误差。因此,消解读者的成见,恢复文本的历史情境等,就是解释学存在的意义。将学校课程开发视为脱离实践情境的“理解”之所以存在,是因为课程不仅可以以实践的方式存在,更可以以“文本”的方式存在。学校课程开发就是通过与校外专家的合作,或是通过校长的个体决策,致力于形成学校课程开发的文本,如课程方案、校本教材等的过程。而教师的学校课程开发,就是忠实解读这些方案、教材中的“原意”,并不折不扣执行的过程。显然,在这一过程中,充斥其中的是“技术理性”的思维方式,是“指令一控制”式的活动规划。甚至包括教师和学生之间的交往,在此种思维的影响下,也会变成教师指引学生去解读教材中“原意”的过程。其中的问题在于:如果存在真正的、关于文本的“原意”,那么,在学校课程开发所面对的众多文本中,何种文本的“原意”才是真正的“原意”?这一问题回答的结果必然是:学生和教师服从于教科书的“原意”,教师服从于学校领导关于课程开发的“原意”,学校领导服从于校外专家或上级行政部门的“原意”。这样一来,学校课程开发要么倒向理论支配一方,要么倒向行政支配一方。所彰显的,恰恰是学校课程开发意欲加以调适的所谓课程“普适性”,不可能真正顾及学校课程开发的独特情境及学生发展的独特需求。

学校课程开发既非脱离理论的“实践”,又非脱离实践的“理解”,这一过程的本质恰恰是实践与解释的同构,亦即学校情境中的实践解释。所谓实践解释,指的是实践是被理解了的实践,实践具有理解的结构,实践是理解

---

①殷鼎.理解的命运——解释学初论[M].北京:生活·读书·新知三联书店,1988:8.

的组成，理解通过实践来表达自身。之所以做此论断，是因为作为主体的人，总是有其特定的历史与传统的，所有的人的实践，都不是凭空发生，而是在一定的“解释学循环”中发生的。海德格尔将此称为此在的“沉沦”状态。试图摆脱这一“沉沦”状态和“解释学循环”，所导致的将是此在的“无根”。因此，人的本真实践，总是在一定的生存论结构、存在论结构中进行并呈现这一结构的。导向生存论的实践总是反思的、解释学的实践它不是受制于理论指导的、单纯的“做”的实践，亦不是工具性和技术性的实践，而是反思性、解释学的实践。“它是一个整体，其中包括了我们的实践事物，我们所有的活动和行为，我们人类全体在这一世界的自我调整——这因而是说，它还包括我们的政治、政治协商以及立法活动。我们的实践——它是我们的生活形式。”[①]这与亚里士多德的“实践智慧”显然是一脉相承的，它意味着一种恰当的实践与解释，并不是通过理论学习获得的，而是在具体的解释学情境中，在特定的伦理关系中，实现自证。就此，实践解释具有如下三重意蕴：其一，实践解释是在实践理性的支配下，具有实践智慧的、有清醒意识的“自行动”。实践解释将实践置于解释之前，意在突出实践优位的基本立场。实践优位决定了主体的行动优先考虑的并不是理论理性，而是主体所置身的情境，是主体在自身所处情境中的觉醒和体认，亦是主体对行动的理由及动机的自我感知。换言之，实践解释是主体基于善的追求，在充分考察周遭情境的基础上所开展的、具有实践逻辑的行动。其二，实践解释是一种具有“实践感”的行动，具有反思性的特征。“实践感”是布迪厄所提出的一个概念，意在表达人们的实践往往是由模糊的、不确定的“实践感”所致，表达的是人们在紧迫的情境中迅速判断、做出抉择并进行行动的状态。那么，如何理解这一“实践感”行动的发生逻辑呢？布迪厄给出的解释大略是：一是习性，二是情境中的机会状况。因此，主体的实践总是表现为在具体的实践情境中决定“如何去做”、如何调整自己的行动等反思性活动。其三，实践解释的反

---

①伽达默尔，杜特.解释学 美学 实践哲学：伽达默尔与杜特对谈录[M].金惠敏，译.北京：商务印书馆，2005：67—68.

思呈现出“我一你”结构，是在共同的深思熟虑的抉择下的行动。实践解释既然是实践优位的，这就意味着其反思的合理性，并不是在封闭的符号逻辑中获得自洽的，而是在指向实践的行动中获得合理性辩护的，它更多需要诉诸特定情境中不同主体之间的交往、对话与论辩，是不同实践主体汇聚而成的“主体间”的反思性活动。

二、学校课程开发过程作为实践解释的理论意蕴

将学校课程开发过程的本质理解为学校情境中的实践解释，首先要突出的是学校课程开发“在……中”的生存论结构。这有两方面的含义：一方面，就学校课程开发作为实践过程而言，它总是存在于特定的文化传统和具体的学校情境之中。这意味着，学校课程开发这一实践过程的展开，必然包含着对于其所置身的文化传统的理解，亦必然包含着对于其所置身其中的情境的阐释。当然，需要说明的是，这里所谓的理解或阐释，并不是理论优位立场上的“释义”，而是在海德格尔“上手状态”的意义上指涉的。它意味着，学校课程开发对“在……中”的生存论结构的把握，是以与特定的文化传统和具体学校情境“打交道”的方式实现的。特定的文化传统和具体的学校环境构成了教师、学生进行课程开发的“日常生活世界”，既是教师和学生所隶属之物，亦同样隶属于教师和学生，是“他们无机的身体”。恰因为此，教师和学生所从事的学校课程开发，亦是彰显自身存在的过程。另一方面，学校课程开发的实践主体总有其介入实践的“前见”或“前理解”。无论是存在于学校教育场域之中的国家课程、地方课程，或是学校的文化传统，都不是完全脱离主体视域的“自在之物”，而是掺杂着校长、教师和学生“前见”的“为我之物”。因此，以教师和学生作为主体的学校课程开发，是在“前见”的结构之中展开的。甚至从某种意义上来讲，教师和学生的“前见”，正是学校文化传统及其现实情境的有机构成。发现教师和学生的“前见”，是学校课程开发中“解释”的必要维度。

将学校课程开发过程的本质理解为学校情境中的实践解释，还要突出

学校课程开发的主体处于“此在一共在”的理解结构之中。学校课程开发的适切性只能诉诸主体的实践，亦即通过主体的实践，使课程与情境之间发生交互作用。判断其适切性的标准有二：一是具有实用主义倾向的，以行动的实际功效作为判断标准；二是具体主体间性的，以特定情境中的主体认同为标准。这两重标准事实上是一体两面的。这是因为，以第一重判断标准而论，主体的行动所导致的功效，就是经由主体改造之后的课程对于学校情境中学生的适切性。问题在于，课程是否适切于学生发展，本身就难以确立统一的标准。它不可避免地会涉及学生自我的感受、体验及价值倾向，亦涉及作为课程开发主体的教师的价值追求和作为课程开发参与者的家长、社会人士的价值取舍。因此，学校课程开发的适切性评价，是以不同主体之间的认同为标准的。基于此，不同主体之间的对话、交往与协商就显得尤为必要。可见，学校课程开发实质上就是课程在不同情境中的叙事重构。它无法离开不同主体之间的协商、论辩，亦无法离开课程在情境中展开的基本事实。劳斯指出：“在科学中，合理的可接受性标准不是私人的，而是社会的。它们体现在制度中。”“科学主张是在修辞空间中确立的，而不是在逻辑空间中确立的；科学论证的目标是为了合理地说服同行专家，而不是为了证明独立于情境的真理。或者说，科学家论证自己主张的真理性，正是为了合理地说服同行专家。”①

将学校课程开发过程的本质理解为学校情境中的实践解释，更在于突出学校课程与主体之间，通过实践相互释义的解释学循环。如前所述，学校课程开发作为实践解释的过程理解，是作为实践共同体的校长、教师和学生，改造作为客体的国家课程、地方课程和地方文化，使之适应特定教育情境的过程。从实践哲学的观点来看，“环境的改变和人的活动或自我改变的一致，只能看作是并合理理解为革命的实践。”②课程与当下教育情境获得改

---

①约瑟夫·劳斯.知识与权力——走向科学的政治哲学[M].盛晓明，邱慧，孟强，译.北京：北京大学出版社，2004：124-125.

②中共中央马克思恩格斯列宁斯大林著作编译局.马克思恩格斯选集(第1卷)[M].北京：人民出版社，1995：55.

造的过程，也是主体进行自我改造的过程，是课程重新获得对于主体的意义并在此过程中，实现主体对课程、文化、环境的理解和对自我的理解。由此，经由主体改造之后的课程，事实上就成了与主体有着直接关切的"为我之物"，亦是彰显着主体智慧力量与价值倾向的"我为之物"，成为主体的"无机身体"。正是在对象与主体的相互嵌入中，校长、教师和学生对课程的理解，必然地包含了对自我的理解。因此，在学校课程开发中，学校情境中的校长、教师和学生必须要建立起"主体－课程－文化"之间的亲密联系，致力于克服"我"与课程、文化之间的疏离感，积极地将"我"与课程、文化置于解释学循环之中，成为彼此嵌入的结构。换言之，课程与文化的存在，是因为"我"的存在，主体不是虚无的主体性存在，主体亦存在于周遭的课程与文化世界之中。

三、学校课程开发作为实践解释过程的行动方略

基于上述理解，我们认为，学校课程开发过程实践解释本质的彰显，需要在学校课程开发的过程中，做到如下四个方面。

首先，在学校课程开发中，要致力于学校情境的发现。学校情境所表达的是学校所处的位置及其内外关系。就学校所处的位置而言，它是具有时空性意蕴的。从时间维度来讲，任何一所学校都有其发生、发展的历程，有它的历史、现实及未来；从空间维度来讲，任何一所学校都有其根植其中的地域。学校所处的时空位置的不同，决定了每一所学校的内外关系亦有所不同。从内部关系来讲，学校内部的学生、教师以及校长，事实上都是不同的亚文化群体，不同时空位置中的校长、教师和学生，事实上都有其自身的文化负载，亦持有不同的价值观念，由此影响学校内部关系的构建。从外部关系来讲，学校所置身的外部环境，特定的地域以及处于此地域中的社会群体，事实上亦有其亚文化，学校作为这一亚文化系统之中的一个必然构成，与总体的地域文化之间是怎样的关系，继承、超越还是相互隔绝？这也是学校课程开发必须加以考量的问题。学校课程开发实践解释本质的彰显，首

要的就是对学校的位置及其关系做出阐释。

其次，在学校课程开发中，要致力于课程概念的重构。学校课程开发作为实践阐释，根本使命在于使国家课程、地方课程以及学校的在地文化能够与特定的教育情境相互适应，以促成教师、学生和校长的共同发展。它有两方面的要求：一是要求校长、教师和学生主动改造课程，实现“主体对象化”，使学校主体成为课程的有效构成，在课程中彰显课程主体的理解与阐释；二是通过课程实现自我改造，实现“客体主体化”，使课程成为主体的内在构成，在主体意义的彰显中实现关于课程的理解与阐释。由此可见，作为实践阐释的课程开发，其课程的内涵与我们通常所熟知的“跑道”及“在跑道上跑”的理解均有所不同。课程既是确定的知识体系的载体，又具有在具体情境中获得价值辩护与意义赋予的生成意蕴。作为实践解释的学校课程开发，既不能置国家课程、地方课程于不顾，和学校的情境相互隔离，使学校主体居于课程之外，又不能完全融入其中，使自我丧失作为主体的行动能力，而需要将课程理解为静态意义和动态意义的结合体，课程是实践本质与客观表征结合而成的综合体。

再次，在学校课程开发中，要致力于共同主体的形成。学校课程开发要形成共同体的观念早已有之。在施瓦布的实践模式的课程开发中，不同主体间所开展的课程审议，实质上就是在教师、学生、家长和社会人士作为共同体的基础上进行的。然而，简单将学校课程开发中涉及的校长、教师、学生等作为权益对等的扁平化的共同体结构看待，并不妥当。其原因在于：一方面，共同体构成的基础是不同主体的存在，肯定不同主体的利益诉求是共同的基础；但另一方面，学校课程开发往往又将学生发展作为唯一且终极的利益目标加以追求，以至于忽略了校长、教师等在此过程中的发展需求。校长的发展需求在于领导力的提升，教师的发展需求在于专业发展和生命提升，学生的发展则指向于素养提升。这里存在明显的层级关系，而校长、教师和学生作为共同的构建者，亦是以不同主体在不同层次和不同方面各尽其责、各享其权为基础的。因此，以实践解释为本质的学校课程开发，其共同体是一个立体而有圈层的架构，并不是扁平化的。

最后，在学校课程开发中，要致力于行动哲学的践履。学校课程开发遵循行动的逻辑，而非理论的逻辑。作为实践解释的过程，教师对于情境的理解、课程的阐释或是自我的理解，事实上都是在行动的过程中，在作为主体的我与作为客体的课程、情境之间的交互行动中发生的。教师的行动本身就意味着理解，而理解的具体形式就是行动。这是因为，实践解释所倡导的恰恰不是“我”与“物”之间的相互疏离，不是作为主体的“我”对作为客体的“物”的凝视与思考，而是在与“物”打交道的“上手状态”中获得关于物的理解。因此，作为实践解释过程的学校课程开发，倡导教师践履的行动哲学。具体而言，有如下几方面的意蕴：一是教师在学校课程开发中，是以“改造课程”为目的的。改造课程当然以理解课程为前提，但从目的论的角度来讲，教师要以行动的方式实现课程的改造，而不是以获得对课程的理解为目的。二是教师在学校课程开发中，其理解本质上是“行动性”的，亦即教师是以行动的方式实现对于情境、课程和自我的理解的。这意味着，教师的理解性行为，是以主体改造客体，并进而在对客体的反思中获得理解的。三是教师在学校课程开发中，行动与反思是相互交织的。教师不仅要在反思中洞见自我的前见，更要在学校课程开发的过程中获得关于理解的理解，以及在对象中观照自我的存在。

第三节　学校课程开发的实施程序

学校课程开发的过程具体表现为学校在进行课程开发中所经历的步骤和程序。基于上述关于学校课程开发过程要素和本质的探讨，学校课程开发的实施程序总体上包括构建共同体、情境发现、价值澄清、形成方案、行动实施和评价反思六个步骤。

一、构建共同体

表面上看，作为学校课程开发主体的学校，已然是一个天然的共同体。这种观点颇为接近德国社会学家滕尼斯(Ferdinand Tönnies)在1887年所出版的《共同体与社会》一书中的看法。滕尼斯强调，由于社会联系或共同生活方式产生的关系亲密、守望相助、富有人情味的生活共同体，比较侧重于由于亲属、地缘或友情缔结成的关系总和。与之不同，另一种更为现代的观点会倾向于认为，共同体是由一定的共同目标和自主认同，能够让成员体验到归属感的人组成的群体。在教育研究领域中，加拿大学者维斯西蒙(Joel Westheimer)曾提出关于教师共同体的五个基本要素：共同信仰、合作与参与、相互依赖、关注个体和少数意见、有意义的关系。对学校课程开发而言，学校虽然有其自身的组织架构，但学校课程开发的价值指向、目标追求及其行为方式等，与学校组织的追求之间可能会存在差异。因此，基于学校课程开发而构建共同体，自是这一过程展开的前提条件。

已有关于学校课程开发的理论一般倡导由学校的行政代表、教师代表、家长代表和学生代表等共同组织课程发展委员会，作为学校行政领导层和各课程小组之间的联络桥梁。其基本架构如图4-1所示。

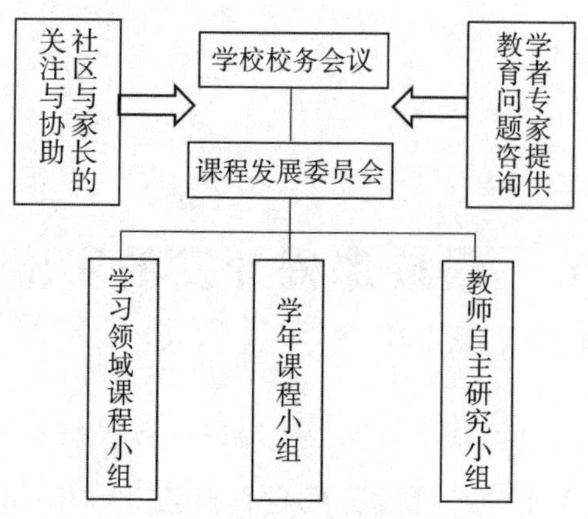

图 4-1　学校课程开发工作小组结构①

图 4-1 所示的学校课程开发的组织架构是以工作小组的名义搭建的，依据学校课程开发可能涉及的具体事务，对应于学校“年级－学科－领域”的划分方式，具有较强的可操作性。然而，这一架构更多回应了在学校课程开发中，如何进行工作小组的构建，并未涉及工作小组构建的根本使命与价值追求。事实上，当我们开始思考组织的使命、追求等理念性的问题时，就意味着我们应当致力于共同体构建，而不只是组织构建。

学校课程开发共同体的构建首先是人员的厘定。在已有的相关理论中，人员常常包括学生、家长和社会人士，亦有可能会包括课程专家。其中，将学生纳入学校课程开发的共同体之中，彰显的自然是“学生参与课程”的理念。诚然，课程总是关于学生的课程，且唯有当学生真正参与其中时，课程才能称其为课程。这似乎意味着，“学生参与课程”本身即是一个无须重申的事实。又或者更进一步的思考在于，当我们重申“学生参与课程”的时候，它所指涉的究竟是什么？很显然，当课程走入实施领域之中时，学生的参与自是必不可少的。“学生参与课程”所指涉的，毋庸置疑是在课程决定的意义上被强调的。按此逻辑，学校课程开发依然不可避免地会被划分为“课程决定”与“课程实施”两个环节，当我们对教师和学生赋予课程决定的

①靳玉乐. 校本课程开发的理念与策略[M]. 成都：四川教育出版社，2006：137.

权力时，这的确有可能会彰显课程民主的理念，使课程决定变得更为完善。然而，这种逻辑依然割裂了课程决定与课程实施。换言之，当教师、学生、家长、校长等在课程决定中作为共同体而存在时，并不意味着他们必然是合理且正当的实施中的共同体。为此，厘定学校课程开发的共同体成员，首要的问题在于确定学校课程开发中共同体所处的层面。

在学校课程开发中，共同体至少会存在于三个不同的层面：一是在学校课程开发的整体谋划层面，主要指向学校课程开发内外部环境的分析、学校课程开发价值的澄清等；二是在学校课程开发的具体设计层面，主要指向学校课程开发中国家课程、地方课程及地方文化的阐释、选择、转化等；三是在学校课程开发的具体实施层面，主要指向课程中的知识与文化的双向构造问题。在这三个层面之中，会形成三种不同的共同体：指向学校课程整体谋划的决策共同体；指向具体设计层面的行动共同体；指向具体实施层面的学习共同体。从成员构成来讲，这三个共同体之间或有交叉，但就共同的核心理念追求与价值目标而言，它们有着本质的区分。

学校课程开发决策共同体是以彰显学校办学追求，基于对学校内外情境的深刻理解，进而厘定学校课程发展的价值理念，明晰学校课程开发的基本方向、内容与任务缔结而成的文化群体。从决策共同体的构成要素来讲，首先，在学校办学的理念层面，要致力于形成对“办什么样的学校、培养什么样的学生”这一问题的共识性回答，鲜明提出学校的育人理念。对这一问题的回答不可避免地牵涉对学校当下情境的理解。教育战略规划中的SWOT分析法，实质上提供了一个十分具有可行性的分析框架。一所学校发展的战略就是一所学校“能够做的”与“可能做的”，“能够做的”又具体表现为学校的优势与劣势，“可能做的”则表现为学校的机会与挑战。学校“能够做的”是基于学校内部环境而言的，通常包括学校的硬件设施、历史传统、领导班子、教师队伍、文化传统、学生发展、教学情况等。学校“可能做的”是基于学校外部环境分析而得出的，主要包括校外的政治环境、经济资源、社会环境和生源结构等。由此可见，学校课程开发中的决策共同体的主要功能是基于对校内外环境的分析，对学校发展的理念、追求、目标等做出整体规划。那么，哪些人员能够在此功能的实现中发挥作用呢？不同的学校会涉及不同的校情，比如，有的学校历史悠久，有的学校"平地而起"等。但总体而言，可能会涉及如下几类人员：一是学校的校长。校长既是一所学校的精神领袖，又是能够进行专业引领的领导者和从事教育行政的管理者。无论是基于对校情的全面把握，还是基于校情诊断的发展研判，校长是理所当然的领导者，是共同体的核心构成人员。二是学校的教师代表。教师是学校与学生的中间力量，对学校的校情有直接的感知和更为具体的把握，教师是必然的活动主体。需要特别指出的是，对一些办学历史悠久、文化积淀深厚的学校而言，非在职教师（如退休、离职的教师）亦是决策共同体的重要组成。三是家长与社会人士。他们代表着学校外部的社会环境。家长和相关社会人士对学校的期望、需求、建议等，都将成为学校发展规划的重要考量维度。以上三类人员是学校课程开发决策过程中必不可少的成员构成。事实上，在可能的前提下，诸如地方教育科研机构的相关人员、高等学校的教育专家、所在地区的相关企业领导等，亦可成为共同体的临时成员，或以某种机制与学校课程开发的决策共同体形成有效合作或沟通。

学校课程开发的行动共同体是基于决策共同体所厘定的课程开发价值理念追求和方向指引，对学校层面各种既存和潜存课程进行理解、阐释、选择、改造等，使之适切于本校情境而缔结成的文化群体。在学校课程开发的行动层面，课程开发的重点任务从学校的整体规划转向了实务性质的课程开发。作为课程开发的过程属性而言，它必然要做好以下几方面的工作：一是课程问题诊断。课程问题诊断要明晰的是既存课程与学校情境之间的不适应性。这一方面要求行动共同体能够对学校既存课程做出理解与阐释，如国家课程的整体理念、目标追求、组织结构、实施与评价等。对具体某一学科而言，能够明晰课程的整体目标、阶段目标、组织逻辑等，亦是理解与阐释的重要方面。另一方面，则要求行动共同体能够对学校的实际情境，比如学生的经验构成、生活阅历、学校所处的文化场域及自身课程实施的条件等，做出理解与阐释。只有当行动共同体能够获得关于这两方面的信息，并加以比照的时候，才有可能发现课程的问题所在。当然，需要指出的是，这里的“理解”并不是指普遍意义上的从文本中寻找有关学生、学校和需求的理论来解读学校的课程及其情境，而是在行动共同体切切实实的行动中获得的。二是工作方案拟定。虽然作为过程的学校课程开发并不主张将课程开发活动变为“开发一实施”的过程，但是为了保障课程开发过程的有序展开，依然有必要针对前已述及的问题诊断形成工作方案。工作方案的根本目的在于保障有效行动，而不只是构建蓝图。因此，工作方案的形成必然是充分考量现实，经由协商而成的。三是课程调适实施。课程与学校教育情境之间存在的冲突，要求行动共同体在两方面做出努力：一方面在课程端，基于课程知识情境的发现，致力于知识的选择、转化，使课程知识转变为具体的实践过程，使学生能够参与其中；另一方面在情境端，基于学生已有经验的发现和具体教育情境的重构，为学生的知识价值辩护提供必要的现实情境。四是课程评价反思。行动共同体的行动效果需要通过反思性评价获得客观呈现。行动共同体所展开的评价反思是以基本事实为依据，以决策共同体所确定的价值追求为标尺而展开的。行动中的反思与行动中的评价，更倾向于内部自我评价，而不是外部他评。综合以上论述，学校课程开发行动共同体主要是由教师构成的。这里需要指出的是，教师只是相对笼统的概念，就其构成来讲，又具体包括学校教学管理、教研管理、课程管理的行政人员，各年级的负责人和各学科教研的负责人，骨干教师和教师代表等。行动共同体接受以校长等为核心的决策共同体的领导，也接受来自外部人员的指导与合作，但其基本成员构成是各类具体的教学行政人员和教师。

学校课程开发的学习共同体是基于决策共同体和行动共同体共同开发所形成的课程，在实施层面对课程中各种要素，如知识、文化等做出阐释，赋予意义并做出价值辩护，以使之促进个体发展而缔结成的文化群体。学校课程开发实施层面的核心任务是实现地方性知识的价值辩护。这里的地方性知识来源有二：一是经由行动共同体重新赋予地方情境性的课程知识；二是学生所置身其中的地方性文化、个体经验等。换言之，学校课程开发实施层面的知识价值辩护有双重任务：一是实现以文字符号形式承载的课程知识在地方性情境中的价值辩护，使其与行动者之间发生实际意义；二是将个体的经验、地方文化所呈现的价值观念、生活方式等，经由价值辩护，上升为特定的知识形态，从而使个体在对象的改造中实现自我发展。据前所述，如果学校课程开发的过程本质在于实践解释，那么上述两重任务的完成，更多需要诉诸主体间性，需要不同主体之间对话、交往、论辩等。为此，实施层面的共同体必然是以学生为主要成员构成的。正是学生将自己的已有经验、地方文化的价值观念、行动方式等带入课程之中，并将课程知识带入实际的情境之中，在双向交互的过程中，完成知识的价值辩护的。但知识的地方性辩护并不是封闭的，其合理性的标准也不是个体化的，而是社会化的。教师作为社会共同文化的承继者，作为共同体的参与者，将会在更为广泛的意义上实现知识辩护过程的开放、合理。据此而论，学校课程开发实施层面，其学习共同体的构成是以教师和全体学生为主要成员的。需要特别指出的是，全体学生作为学习共同体的主要构成，既强调相互之间的合作与依赖，也同样珍视少数学生的独特性。学习共同体的目标指向是知识、文化与情境的双向建构，而非以达成统一的声音为目标追求。

综上所述，共同体建构是学校课程开发的前置条件，共同体是一个由决策共同体、行动共同体和学习共同体相互支撑、彼此交叉而形成的立体结构（如图 4-2）。这三个共同体在课程开发的不同层面，有着方向一致但存在差异的目标追求。就三个共同体的成员构成来讲，教师是贯穿其中的核心力量。

图 4-2　学校课程开发共同体架构

二、情境发现

学校课程开发是在具体情境中的实践阐释过程，明晰学校课程开发所根植其中的情境，是这一过程展开的逻辑起点，亦是作为开发主体的共同体展开行动的基本依据所在。

学校课程开发之所以以情境发现为逻辑起点，是因为学校课程开发根本上是将问题作为动力来源的。正是因为既有的课程与学校情境之间的不适切状态的存在，才有进行调适以使之相互适应的学校课程开发。情境表征着对人们的偏好、目的、历史、行为、位置及其关系的理解。长期以来，课程开发并不注重课程实施的具体情境，是因为它假定了具有普遍意义的抽象情境，又或者可以理解为它本身是忽视情境的。但就学校课程开发的逻辑而言，恰恰是因为不同的学校根植于不同的情境之中，才有以学校为主体进行课程调适的必要。为此，通过情境发现实现对学校所根植其中的“地方性文化”的理解、阐释，自是学校课程开发的逻辑起点。

学校课程开发的情境发现主要指向两重情境：一是校内情境，二是校外情境。联结这两重情境的关键点在于学生。

学校课程开发的校外情境包括很多方面，一般而言，主要包括社会需求、地域文化状况、家庭情况等。这三种看起来具有明显层级性的校外情境，集中于学生发展目标这一预期上。对于较为宽泛的社会需求而言，当前社会越来越倾向于使学生成为具有综合素养且学有专长的人才，而非过去看重的具有统一规格的发展目的。随着社会交往的普遍拓展和信息技术的迅猛发展，社会对学生发展的需求亦在发生微妙的变化。学生对多元文化的理解能力，学生在复杂情境中的高阶思维等，将会被越来越多地强调。为此，学校课程开发必然要关注整体的社会发展需求。当下，信息技术素养、高阶的问题解决能力、对中国本土文化的认同与对多元文化的理解等，都是学校课程开发需要加以关注的基本面向。

社会发展的总体需求在不同的地域之中，可能会存有差别。这种需求上的差异，可能和地域经济发展、文化传统等息息相关。相关理论研究和实证分析都已表明，不同地域背景中的人群，在教育需求和期望上是存在差异的。比如，在一些高收入的发达地区，家庭的教育需求会更偏重于预期收益，对一些成本高、风险高的专业会有更好的接受度；反之，在一些经济相对欠发达地区，家庭的教育需求则表现出相反的特征。这是区域经济发展对教育需求的影响。此外，在一些地域文化特征明显的地区，其文化积淀和长期形成的价值观念、行为方式等，也会影响人们的教育需求。除了少数民族地区这样典型的文化区域以外，还表现为近些年来，随着人口流动而形成的一些“文化部落”。如在大都市中外来务工人口相对集中的区域，其子女往往集中于此区域中的几所学校。对这些群体而言，除了适应整体的社会发展需求以外，往往还有融入城市文化的内在需求。这些都应该加以探究，作为学校课程开发的外部情境，在课程中有所反映。

学校课程开发还应将家庭情况纳入情境考察的范围。从发生的时序上来讲，家庭教育在学校教育之前，是学校教育开展的基础。学生是带着从家庭教育中获得经验、习惯等进入学校场域的。学校课程开发既然关注的焦点在于课程与学生之间的适切性，就不能不考虑学生的家庭情况。当下，随着社会发展的不断加速，家庭也在历史的推进中发生着巨变。从家庭结构来讲，社会离婚率逐年提升，单亲家庭的儿童数量不断增多，单亲家庭儿童的心理、教育及行为习惯往往有其自身特点。从父母职业来讲，随着中国城市化进程的不断加速，大量的家庭都是以双职工为主，农村地区进城务工人员日益增多，导致的结果是儿童家庭教育的缺失、隔代教养等现象十分普遍。从家庭成员构成来讲，近年来，随着我国计划生育政策的调整，“独生子女”家庭与“二孩”家庭并存的格局已逐渐明显。为此，在进行学校课程开发时，充分考虑不同家庭背景的学生在教育需求上的差异，亦是十分重要的方面。

学校课程开发中的校外情境，构成了关于学生发展期望的基本背景，并以学生发展目标的方式介入学校之中，是学校课程理应予以实现的期望状态。然而，社会、地区和家庭对于学生发展的目标追求，并不意味着学校需要全盘加以接受，并予以一一落实。它需要进一步接受学校自身的教育哲学及现有条件的制约。为此，学校课程开发还需要进一步对内部情境加以发现。

学校课程开发的校内情境通常包括学校传统、师资力量和学生群体。

学校传统是一所学校在长期的办学过程中积淀下来的价值追求及行为特征，亦即学校文化。一所学校的办学传统往往会以物化的方式加以保存，也有可能以活动的方式加以彰显，更可能以隐形的方式存在于人们的行为方式之中。就物化的方式而言，一所学校的办学传统可能会表现在学校的建筑之中，也有可能表现为学校的制度性文本。学校的办学理念追求、校风、校训等，往往需要通过制度性文本或具体的物体加以承载。此外，一所学校的办学追求，亦会在物质层面有所积淀。比如，一所以科技为特色的学校，其实验室资源、科技仪器资源等往往会更具优势，而一所以人文社会科学见长的学校，可能更多是在图书报刊资源等方面更为见长。这些长期积淀下来的办学资源，不仅是学校办学的优势体现，亦是学校办学无形的文化场，不可避免地影响着学校的课程价值选择和学生课程学习的行为方式。学校办学传统有可能以活动的方式加以保存。在某种意义上，文化就是人们的生活方式。学校安排怎样的活动，置身其中的教师和学生就有着怎样的活动方式，亦即会呈现出怎样的文化。从学校的一些活动、仪式中，往往能够看到一所学校在学生发展目标上的独特追求。比如,有的学校更为看重学生的文艺活动,寓教于美;有的学校可能更为看重学生的体育活动,或是强调身体为先等。学校办学传统当然还会具体表现为一所学校中师生的行为方式。所谓文化,往往就是内在的价值观念和外在的行为方式。透过师生的行为方式,往往也可以洞悉其内在的价值观念。

学校课程开发的校内情境还包括学校的师资力量。在学校课程开发的共同体结构中,教师在三个不同层面的共同体中,都是重要组成部分。无论是学校课程开发的决策、开发或实施,都依赖于教师的有效参与。为此,学校课程开发的师资力量是学校课程开发的可能性维度,是决定社会、区域、家庭及学校层面对于学生发展目标的理想追求在多大程度上获得实现的关键力量。可见,师资力量是学校课程开发校内情境的重要组成。师资力量的分析通常包括对师资成员结构、年龄结构、学历结构、职称结构、学科分布等的分析,亦包括教师对学校课程开发的意愿、看法与认识等的分析,还包括对教师自身的兴趣、爱好、特长等的分析。学校课程开发是调适课程以适应学生的过程,是教师的美学实践过程,更是教师的专业成长与生命发展的统一。在这个意义上,学校课程开发也可以理解为是学校内部的人事改革过程,是教师关系变革、角色转变与能力提升的整体过程。教师的态度、意愿、能力等,在根本上决定了学校课程开发能够走多远、走多好。如果教师对学校课程开发持支持态度,愿意投身其中,且能够获得积极的支持,就可能会推进学校课程不断改进;反之,则有可能会阻碍学校课程开发的有效开展。

学校课程开发中情境发现的关键在于理解,尤其看重以“局内人”的视角对其情境做出理解。学校课程开发的共同体有三:决策共同体、行动共同体和学习共同体。从三类共同体的成员构成来看,他们事实上都是天然的“局内人”。因为在惯常的人类学或社会学的解读中,“局内人”更多指向与研究对象同属一个文化群体的研究者。表面上看,学校课程开发中的情境理解所指向的,恰恰就是教师、学生及其根植的文化。作为课程开发主体的教师和学生，天然就具有“局内人”的身份。然而，激进的“局内人”信条认为，要理解一个人，你必须成为这样的人。这意味着，如果一个“局外人”试图去理解某种文化或某种文化中的个体，就必须要首先浸润于此文化之中，通过持续地生活参与而经历社会化过程，进而才可能以“局内人”的身份获得对于此文化或其中个体的理解。这提醒我们，虽然教师和学生都必然生活于某一文化情境之中，但依然存在群体之间的割裂。具体而言，以校长为代表的决策共同体、以教师为主体的行动共同体和以学生为主体的学习共同体，事实上代表着不同的文化，从而有着不同的偏好、目的、历史、位置及关系。虽然总体地看，这三类共同体都在“学校”的情境下，构成了学校这一框架下的“局内人”，但内在地看，以校长为代表的决策共同体在解读教师群体，以及以教师为主体的行动共同体在解读学生群体时，校长很可能是教师文化的“局外人”，教师亦有可能是学生文化的“局外人”。为此，在学校课程开发的情境发现中，倡导“局内人”的情境理解视角，就是站在不同群体的立场上，切实理解他们的价值、意愿、需求等，准确定位课程与学校具体情境之间存在的矛盾冲突，明晰问题所在，为进一步的价值澄清奠定基础。

三、价值澄清

学校课程开发的情境分析将呈现处于不同地域背景中不同群体相对统一但又存在分歧的价值观念，这些价值观念与国家课程、地方课程中所意欲彰显的价值追求，将构成复杂而又充满张力的价值系统。这个价值系统需要经由学校课程开发的主体对其做出价值澄清，以为学校课程开发指明方向。

强调学校课程开发中的价值澄清，在根本上是因为此过程的实践属性。实践属性意味着对课程的“改变”，而非理论意义上对课程的“解释”。对课程的“改变”是基于对课程“应该是什么”的关切。课程“应该是什么”不仅包含课程的价值取向，还关乎着自我认同。价值取向具体落实为价值目标、价值方向的确认，总体性地引领着学校课程开发的方向。自我认同则表现为具体情境与关系中的角色认同，为一定境域中行为的选择、实践方向提供了现实的依据。因此，学校课程开发中的价值澄清集中表现为对两个问题的追问："应该做什么"和"为什么这样做"。前者关注的是目的层面，后者关注的则是手段层面。在学校课程开发中，指向"应该做什么"的价值理性问题与指向"应该如何做"的工具理性问题彼此交融，共同构成了学校课程开发价值澄清的基本内容。

在目的层面，学校课程开发的目的追求往往与人的意向、要求相联系。黑格尔认为："目的最初仅仅是内在的东西，主观的东西。"[①]目的的正当性往往包含了普遍的观念和规范，如一般的价值原则或普遍的价值观念：公正、平等、民主、友善等。学校课程开发中，不同群体从自我主观性出发而形成的价值观念，需要在统一的价值原则之中获得调和。就我国而言，学校课程开发必然要在国家层面的教育方针和目的的框架内展开。1999 年，《中共中央国务院关于深化教育改革，全面推进素质教育的决定》中指出："实施素质教育，就是全面贯彻党的教育方针，以提高国民素质为根本宗旨，以培养学生的创新精神和实践能力为重点，造就'有理想、有道德、有文化、有纪律'的、德智体美等全面发展的社会主义事业建设者和接班人。"2002 年，党的十六大报告中提出："全面贯彻党的教育方针，坚持教育为社会主义现代化建设服务，为人民服务，与生产劳动和社会实践相结合，培养德智体美全面发展的社会主义建设者和接班人。"十八大以来，习近平同志不断丰富发展我国教育方针与目标的具体表述，明确将"劳动教育"纳入我国教育方针之中，提出培养德智体美劳全面发展的社会主义建设者和接班人。在这些关于教育方针和教育目的的表述中，为社会主义培养建设者和接班人始终是我国教育的基本价值追求，学校课程开发必须以此为基本依据。此外，教育的文化性格还决定了我国学校课程开发的价值目标必然要与社会主流文化与核心价值观念，如爱国、敬业、诚信、友善等相符合，这是学校课程开发价值澄

①黑格尔. 法哲学原理[M]. 范扬，张企泰，译. 北京：商务印书馆，1961：20.

清中必须要坚持的原则。江苏省锡山高级中学的“培养站直了的现代中国人”，就很好地体现了价值澄清的这一原则。

目的的主观性通过手段的现实性而实现着对主观性的克服与扬弃，从而进入实践之中。在这一过程中，一方面，物被打上了人的印记而扬弃了其自身，成为合乎主体需求的存在；另一方面，主体目的的主观性也获得了现实的存在形态。正是在这双重的扬弃中，普遍意义上的价值观念走入现实。手段的具体运用，关乎特定的情境。这里对现实情境的关注与以杜威等为代表的实用主义者的观点并不相同，因为它依然以普遍意义上的价值观念为依循，而不会如实用主义者那样，将价值判断的标准完全推给情境的特殊性。为此，学校课程开发在回答“应该怎么做”这一实践问题的时候，并不仅仅以主体经验的方式来解决，而是既强调一般价值原则的规范作用，又表现为对主体经验的自发与盲目的克服。如前所述的国家层面的教育目的、社会文化传统和核心价值观念等，并不会直接成为学校课程开发的目的，而是要在具体的情境中获得实际的内涵。锡山高级中学“培养站直了的现代中国人”的课程目标定位，当然与我国的教育方针和教育目的的基本方向是吻合的，亦体现了中国文化传统与社会现实之间的张力。但在其具体内涵上，所强调的“自信心、民族性、创新、现代化、健康、坚毅”等，以及基于审议而形成的课程目标“学会交往，在合作中学习；学会自信，养成自我认同感和坚毅的品质；学会探究，至少学习一门综合性课程；掌握一项健身技能和一项闲暇技能；具有现代中国人的意识”，显然具有鲜明的情境意蕴。

学校课程开发中的价值澄清是将具有普遍意义的价值规范与具有情境意义的价值需求相结合的过程，它既是理论的，又是实践的，依赖于实践智慧的介入。亚里士多德认为，实践智慧是一种德性。这里所说的德性，既可以理解为与人同在的内在规定性，又可以表现为价值论意义上的关于善的品格。同时，作为一种德性，实践智慧更意味着一种能力。为此，学校课程开发中源于不同主体的价值倾向，其澄清依赖于实践主体德性与能力的统一。就具体的方法来讲，它通常依赖于两个方面：一是在观念层面的理解与沟通。不同主体在学校课程开发应该确立何种目标、采取何种行动上往往会存在分歧,这种分歧的解决依赖于倡导者的引导、说服,也需要参与者的理解、接受。学校课堂开发是在国家层面的教育方针、教育目的、文化传统和核心价值观念的框架之下,通过交流与默会,以实现普遍性目的与情境性目标之间实现关联的过程。二是在行动层面的协调与配合。学校课程开发中的课程价值目标不仅存在于决策阶段,还贯穿于后续的行动阶段和学生的学习之中,只有后一阶段的实践主体对前一阶段的实践目标获得充分地理解,并在具体的情境中进行分析、权衡、判断,才可能使之实现。可见,无论是观念层面的理解与沟通,还是行动层面的协调与配合,都依赖于实践智慧,亦即依赖于实践主体自身的德性和能力,它当然无法脱离实践主体在实践过程中的积极审慎行动与积极反思,但也不能脱离实践主体的理论知识的增长。

学校课程开发价值澄清的最终表现形态是学校课程开发目标的形成。学校课程开发目标是一个具有综合性、层级性和交叉性的目标体系结构。就其综合性而言,它是由学校课程开发的总体目标,不同学段、不同学年、不同学科的具体目标所构成的目标体系。其层级性则表现为总体目标、学年目标、学期目标及更为微观的、一节课的目标之间,存在自上而下的统摄关系与自下而上的体现关系。所谓交叉性,是指学校课程开发的学科目标、领域目标等内部,及学科目标、领域目标与年级目标等之间存在交叉关系。学校目标体系的形成以学校整体的教育目标为起点,致力于回答“培养什么样的学生”,以此为基础,细化为课程的总体目标和各学习领域的具体目标。课程目标和各学习领域的目标的时序安排,则构成不同学段、学年、学期的课程目标,由此使学校课程开发的目标成为一个有机衔接的体系结构。

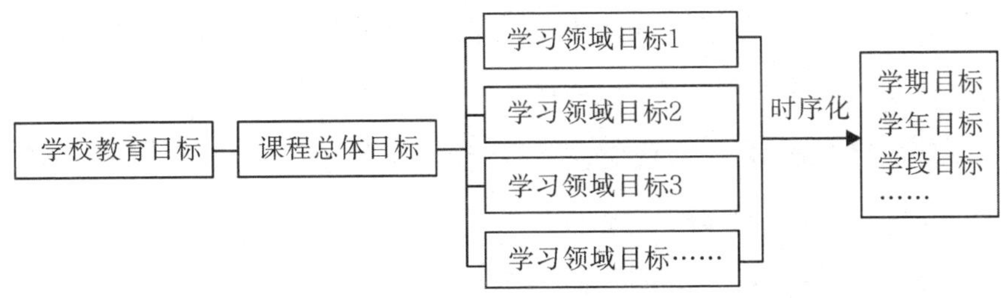

图 4-3　学校课程开发目标体系

四、形成方案

学校课程开发虽然是一个实践解释的过程，具有鲜明的情境性和实践性，但学校作为教育机构所具有的目的性、系统性和计划性，决定了学校课程开发必然是以价值澄清为基础，以课程目标为引领而开展的系统活动。为此，依据学校课程意欲实现的目标，有组织地建构教育内容并据此实施各项教育活动，就成为学校课程开发的方案应予通盘考虑的基本问题。在学校课程开发中形成方案，并不意味着课程开发过程性的消弭，更不意味着学校课程开发的过程成为被动执行方案的过程。学校课程开发中的方案，毋宁是为此后的行动与实施提供一种可供参考的框架，是关于目标、内容、课时等统筹规划与合理分配的一种行动计划。从其内容来讲，主要包括课程的总体设置、课时分配、实施建议等。

学校课程开发的方案要优先对课程的总体设置做出谋划。无论学校课程开发发生于怎样特定的情境之中，又因为实际情况的不同而有着怎样不同的做法，但总体而言，学校课程开发关于课程总体设置的考虑一般涉及三个基本方面：其一，学校课程开发的基本方针与价值追求。基本就是课程开发的行动方向和目标，价值追求则是课程开发的行动准绳。对学校课程开发的方向、目标和行动准绳做出描述，既是各类学校课程开发共同体形成的前提，又是不同共同体之间协作共进的基础。学校课程开发的基本方针和价值追求是在前已述及的价值澄清的基础上形成的，它实质上是在国家关于教育的方针、政策和目的框架内，经由学校课程开发的相关人士对话后而达成的暂时性共识，是学校课程开发意向的制度化表达。它一般需要以学校课程开发的决策共同体为主导，将价值澄清的结果以文本方式呈现，形成学校课程开发的基本方针、价值追求、目标体系等系统架构，由决策共同体、行动共同体、学习共同体的相关代表和家长代表等参与讨论，以求确认。其二，学校课程开发的组织架构与时间节点。学校课程开发过程的完整实现依赖于决策共同体、行动共同体和学生共同体的有效协作。从根本上来讲，学校课程开发实是学校人事管理体制的全局性变革。学校课程开发的体制保障，有两方面的内容：一是作为体制之“体”，亦即具有实体性质的组织机构或会议等；二是作为体制之“制”，亦即具有文本性质的运行规范与制度，是关于“体”的权责规约。学校课程开发有必要通过方案，对涉及的相关组织机构的构成、功能、权责、任务及运行规范做出规定，并对不同组织机构之间的相互作用予以明确，从而形成分工协作的关系，通过整体组织的运作完成学校课程开发的任务。如果说上述的组织架构是在空间维度上构建着学校课程开发的空间条件，那么，关于学校课程开发的时间节点的规定，则在时间维度上保障着学校课程开发运行的时间条件。时间节点的规定实质上是学校课程开发整体流程运转的规定，它表达着在什么时间完成学校课程开发的何种工作，从而使学校课程开发能够成为前后相继的整体过程，不断获得推进。其三，学校课程开发的涉及范围和结构逻辑。从学校课程开发方案对于课程开发的内在规定而言，它往往涉及两个方面的问题：一是课程开发涉及的具体对象和运作范围，二是课程开发的内在结构逻辑。前者指向的是“开发什么”，后者则指向“开发成什么样”。就学校课程开发“开发什么”而言，它既可以指向学校整体的课程，也可以指向单一学科、单一领域或者单一时段的课程。当然，需要指出的是，无论其指向的范围大小，都需要在学校统一的教育哲学追求下展开。就学校课程开发“开发成什么样”而言，它则是指课程的基本结构和内在逻辑。基本结构是学校不同种类课程之间的相互关系，基本逻辑则反映了课程在内容、目标、实施、评价等方面所形成的内在关联。

学校课程开发的工作方案还需要对课时分配做出通盘考虑。如果说前述的总体设置还属于"纸上谈兵"阶段，那么，课时分配则是从规划走向实施的关键环节。课时分配是学校课程开发中最基本的要素，也是学校课程实施时的基本规则。一些学校的课程开发最终只能停留于文本阶段，一个很重要的原因就是在课程实施中，教师往往因为课时挤占，而导致"无米可炊"。突出表现为三个方面的问题：一是课时的刚性与弹性的关系问题；二是课时被其他活动挤占的问题；三是不同学期能够供给的课时总数不同的问题。比如，国家课程计划中有关于各学科、各学年基本课时的规定，很多教师往往机械地将某一学科、某一学期的总课时，机械地分配至各章节或各篇目的教学上。由于课时的相对固定，进而连带地导致教师在课程内容的处理上，只能选择照本宣科、机械实施，而没有留下加以调适、创生的空间。为此，在学校课程开发的工作方案中，一个很重要的问题就是要对课时分配加以统筹。主要有三个方面的要求：一是要确立起国家课程校本化实施的整体观念。要充分理解国家、地方、学校三级课程管理的真正意蕴，倡导国家课程校本化实施，在国家课程的整体框架内，允许学校对其内容做出整合与创生，由此形成的国家课程、地方课程和学校课程的关系不再是三类课程彼此"抢占"课时的局面，而是三者层级转化的"一盘棋"。二是要增加学校课程的弹性教学时数。在国家课程方案中，预留了一定比例的课时数供学校弹性使用，但总体来看，预留的空间有限。这就要求学校能够通过学科内的整合和学科间的整合，在保障国家课程有效实施的前提下，能够将弹性教学时数进一步增加。三是合理安排选修与必修课时数的比例关系，既不降低国家课程的基本要求，又充分兼顾到学校的具体校情和学生发展的实际需要，协调学科、社会和学生三者的关系。

学校课程开发的工作方案一般由学校课程开发的决策共同体牵头制订，经由学校课程开发的行动共同体参与，草拟基本方案，并获得全体教师的理解与支持，从而获得确定。学校课程开发的工作方案还涉及对国家课程、地方课程的调适，为此，还需要在形成之后向上级教育主管部门报备，以保障其合法性。

五、行动实施

学校课程开发的工作方案一经形成，且获得全校教师工作会议的支持，并向上级教育主管部门备案，就意味着它开始作为学校课程行动的纲领，指引着学校课程开发的实践。

在传统意义上，学校层面的课程实施易于被理解为忠实执行既定课程计划的过程。校外的专家或教育机构负责课程的“生产”，而教师的主要任务在于对课程的“消费”。在这一理解下，课程实施的基本模式就是“研究、开发与传播”，具有四个相互分离的基本步骤：一是通过研究确立课程的基本原则，以确定课程开发的基本准则；二是将研究的基本原理和程序应用于课程开发的实践之中，以获得新课程；三是将开发好的新课程传播给教师；四是教师将新课程应用于学校之中。表面上看，这一课程实施模式路径清晰明了，且因其背后的技术理性，易于控制，而为人们所青睐。然而，就这一模式而言，其内在实质上存在不可弥合的矛盾：从整个模式的运行来看，教师是确保课程成功实施的关键所在，但模式本身的技术意蕴又是“防教师”的。因此，基于这一模式的课程改革从未获得过完全的成功。

以实践解释为基本过程，且在目的层面指向适应性改造的学校课程开发，不太可能采用上述的“研究、开发与传播”模式。虽然在学校课程开发中，我们将课程开发共同体划分为了决策共同体、行动共同体和学习共同体，但这并不意味着课程是由决策共同体负责“生产”，由行动共同体负责“传播”进而被学习共同体所“消费”的。这三个共同体实质上都是以课程适应性改造为总体目标的，只是因为在总体目标的具体层次上有所侧重，所以形成了立体分层的共同体结构。事实上，三个共同体在课程开发的不同阶段，均有所参与，只是任务有所不同而已。这里所探讨的行动实施，事实上并不是“研究、开发和传播”模式意义上的课程实施，而是在前已述及的工作方案形成的基础上所展开的实施阶段。它更契合兰德关于课程变革动因模式的研究。

兰德课程变革动因模式指出了课程变革的三个基本阶段：一是启动阶段。在这个阶段，课程变革的发起者致力于使人们理解课程变革的计划。为此，需要对课程计划的目标做出解释，以使其获得理解与接受。二是实施阶段。兰德课程变革动因模式认为，课程实施成功与否的关键在于课程变革的特征、教学和行政管理人员的能力、社会环境和学校组织结构的变革等。因此，课程实施的关键是对课程变革计划做出适当调整，以适应具体的实践情境。三是合作阶段，强调的是课程实施中不同的人员相互合作，推进课程变革持续不断地进行下去。可以看出，兰德课程变革动因模式本质上是调适取向的，更加注重的是课程方案与具体情境之间的互动，亦更为注重课程实施过程中对于变革方案、情境的理解与阐释。甚至在某种意义上，课程实施成功与否，正是取决于能否实现课程计划与具体情境，即课程专家、教师、学生等方面的相互适应。

课程方案对具体情境的适应，是以解释和理解为前提的。在学校课程开发工作方案的形成阶段，实质上是完成了课程实施的启动工作，厘清了课程开发的总体目标、实现程序和组织架构，并据此形成了学校课程开发的工作方案。在这一工作方案的形成过程中，作为行动共同体与学习共同体主要构成的师生，虽然部分参与了此方案的形成工作，但是这一方案要进入具体的实施领域，还需要依赖更为广泛的行动共同体的全体成员，亦即教师的介入。教师中介作用的发挥，首先取决于教师对工作方案的理解。为此，学校课程开发的行动实施，应该将教师进修研习作为其首要环节。通过校本教研、进修等方式，提升教师的认知层次和能力层次，为行动实施做好准备。

行动实施的第二个环节则是行动共同体的分工与协作。学校课程开发的行动实施指向的是既存课程、学校情境和地方文化之间的相互调适，为此，教师需要获得关于课程、情境和文化的理解。这种理解，并不是理论意义上的文本解读，而是实践意义上的具体行动，是教师在与课程、情境和文化“打交道”的过程中获得的。这意味着，不同的教师将会进入不同的情境，从而承担不同的任务。比如，一个新手型教师，可能会更为关注既存的国家课程和地方课程，对于他们而言，获得关于教科书的知识体系、编写逻辑、目的意图或许更为迫切；对一位熟手型教师也许更能将目光聚焦于学生身上，感受学生的兴趣、爱好和需求。进行必要的分工是彼此协作的前提。具体而言，作为行动共同体的教师，可以依据学校课程开发的阶段安排，以时间为序进行分工，形成前后相继的纵向关联；也可以根据学校课程开发的任务分解，形成领域交叉的横向关联。以时间为序的分工，可能会经历学校课程目标的学科/领域表达、情境分析、内容调适、活动开展、评价反思，在不同的阶段，教师之间形成“主次相辅”的配合关系，由1～2位教师主要负责某一阶段的任务，其他教师则从旁配合辅助；以领域为主的分工，则可能会分别指向方案解读、教材阐释、资源分析、学生理解等，形成齐头并进、多线交织的局面。

行动实施的第三个环节则是行动共同体的调适过程。作为国家课程载体的教材，和作为地域文化的价值观念、行为方式等，与学生的发展需要相互结合，且适应学校的具体情境。其可能的结合点在于实践，在于学生的活动。为此，实现教材内容活动化和活动内容体系化的双向建构，是行动实施的关键环节。在此环节中，教师以学习共同体的成员身份介入其中，一方面，通过教材内容活动化的建构，将原本呈现于教材中看似客观、静态的知识符号体系赋予现实的情境感，将学校的教育情境、学生的已有经验、教师的理解等带入其中，促成学生在其中展开积极生动的知识价值发现与辩护工作；另一方面，通过地方文化的知识体系化建构，使学生在具体的活动中，将自身的前理解、前经验以及富有地方特色的价值观念、行为方式等，呈现于活动之中，并在与教材知识、他人的互动中，实现个体经验和地方性观念的价值辩护，获得公共性品质的提升。

以上大致勾勒了学校课程开发在行动实施阶段的基本环节。这些基本环节的展开，不仅需要教师的观念先行，更需要教师的能力、学生的状况和学校的整体条件作为保障，甚至还需要作为校外人士的家长等的参与和理解。为此，在具体的行动过程中，还要特别重视条件保障，比如，校外专家的支持、校内行政人员的协调联系、校外家长的宣传动员以及课程实施的具体情境布置、依据学生的能力或兴趣进行分组等。无论如何，作为实践解释的学校课程开发，重视情境并充分利用情境以实现课程的适切性改造，始终是其主旨所在。或正因此，学校课程开发应予具体的学校情境以更多的关注。

六、评价反思

学校课程开发的过程意蕴决定了它不是"一次过"的，而是持续不断的行动。这种持续性，主要是基于两方面的理由：一方面，学校课程开发是基于现实情境的，主体的每一次介入，都意味着情境的变化，这决定了学校课程开发必须不断依据情境做出相应的调适；另一方面，学校课程开发的调适本身是渐进式的。我们往往很难一次性地实现课程、文化、情境之间的彼此适应，它依赖于持续性的工作开展。为此，不断改进课程，使之与特定的学校教育情境相互适应，是学校课程开发过程的应有之义。学校课程开发的持续开展，需要以关于课程的评价和反思为基础。

学校课程开发的评价是指向特定学校情境下的课程调适的，不同的学校有着不同的教育情境，更有着不同的课程调适的目标追求，为此，学校课程开发的评价不可能是基于统一的标准或度量而展开的，只能是因校而异，确定适宜于本校校情的评价手段和方式。总体而言，学校课程开发的评价指向的是课程本身，目的是对现行的课程做出评估，以发现其中存在的问题与可以改进的地方。这是学校课程开发的基本准则。

学校课程开发的评价要考虑处理的第一个问题是它的介入时间问题。通常的观点认为，评价是课程开发的最后一个环节，属于课程开发的事后评价，其功能仅限于判断学校课程目标的达成度。这种看法的源头是技术理性的课程开发观，是在具有典范意义的"泰勒模式"中被明确提出的。然而，至少基于三方面的理由，我们认为，学校课程开发应该坚持事先评价、事中评价和事后评价的统一：其一，单一的事后评价在本质上指向目标指引下的课程开发，它以预设的目标为唯一的评判标准，忽视了学校课程开发作为过程的动态生成性，无法顾及学校课程开发中不同主体所组成的共同体的创造性；其二，学校课程开发是以学校情境的发现为逻辑起点的，学校情境的发现依赖于评价活动的开展，它是学校课程开发工作方案及行动实施的指引，为此，有必要通过事先评价开展诊断工作，为学校课程开发的活动做准备；其三，学校课程开发是前后相继、循环往复的持续过程，它依赖于评价工作的持续开展，及时诊断、及时反思，从而为方案调整和修订提供依据。因此，它同时还倡导事中评价，以保证过程的顺利展开。基于上述三方面的理由，在学校课程开发中，应该将事先的诊断性评价、事中的形成性评价和一个阶段之后的终结性评价综合起来运用。

学校课程开发的评价要考虑的第二个问题是由谁来评价的问题，亦即评价主体问题。这是学校课程开发中最富有争议性的一个问题。在传统观念中，评价必然是基于一定价值标准而展开价值衡量的。虽然价值领域不可避免地会带有主观性，但评价似乎总刻意回避主观的方面，而强调其标准性、统一性和客观性。为此，评价一般容易被视为由校外的教育行政部门和相关研究机构负责实施，依据统一的评价标准而展开的外部评价。客观地说，外部评价确实能够为学校课程开发树立相对确定且统一的价值标准，从而能够最大范围地保障课程开发的质量。但这种评价的缺点也显而易见，比如，它过于强调整齐划一和外在标准，容易忽视学校课程开发的具体情境和独特追求，难以对学校内部人士，如教师、学生在课程中的感受、体验等予以测量评价。

学校课程开发的另一个评价主体源于学校内部，主要由学校中的教师、学生组成，他们依据学校课程开发所拟定的目标和学校所追求的教育哲学，在特定的情境下开展评价。倡导由学校的内部人士担任评价主体的一个重要理由在于：学校课程开发是在特定情境下开展的课程调适活动，不同的学校基于不同的教育情境，往往会产生不同的教育哲学，且在价值观念和行为方式上有其特定性。内部人士担任评价主体，优点即在于对课程开发方案的精神实质和技术手段有着充分的理解，而且由其担任评价主体，更利于通过评价实现学校课程开发方案的修订。但其缺点往往在于:内部人士易于受限于自己的思想,导致评价缺乏应有的客观性。

鉴于学校课程开发是基于学校情境的课程适应性改造,我们倡导以内部人士为主体的评价和以外部人士为主体的评价相结合。以内部人士为主体的评价侧重于依据学校的特点、价值追求,对课程的适应性情况做出评价;以外部人士为主体的评价侧重于依据国家统一的课程标准,对课程的基准性质量做出评价。以内部人士为主体的评价彰显独特性、适应性,其价值指向是主观的,但其手段应该是客观真实的,需要接受外部人士的监督和检验。以外部人士为主体的评价彰显基准性、客观性,其价值指向是统一的、客观的,但其对于结果的阐释,应突出内部人士的体验与感受。

学校课程开发的评价要考虑第三个问题是评价什么的问题,亦即关于评价对象的考量。从学校课程开发的目标追求来讲,它致力于实现学校中作为领导者的校长、作为专业人员的教师和作为学习者的学生的共同发展,这是学校课程开发内在的根本价值指向。从学校课程开发的具体过程而言,它致力于课程与学校教育情境之间的相互调适。就其目标指向而言,学生的学习过程与结果、教师专业发展的过程与结果和校长作为领导者的管理过程与结果,都应该成为评价的对象。就其过程而言,学校在课程适应性改造中所形成的工作方案及最终的课程产品,亦应该成为评价的对象。据此,学校课程开发评价的对象主要有如下四类:一是学生,主要指向其学习过程和结果,既要彰显学生学习的结果表现,也要注重学生学习的过程与方法,以及在这一过程中的情感体验和态度形成;既要关注学生的显性变化,又要关注学生的隐性发展。二是教师,侧重于关注教师专业发展的情况。从学校课程开发的要求来讲,应重点关注教师的课程开发能力、合作意识、自主意识和研究能力。三是校长,侧重关注其作为专业领导者和学校管理者的角色职能。就专业领导者而言,校长自身的教育哲学、学识素养、课程理解等是其能力的主要表达维度;就学校管理者而言,其组织能力、协调能力和统筹能力则是其能力的主要表达维度。四是学校课程产品。学校课程产品是经由教师、学生选择、改造、生成的课程物化形态，如学校整体的课程设计、活动方案、活动过程记录和活动结果等。在这四类评价对象中，应给予学校课程产品以充分的关注。无论是校长的领导、教师的行动，还是学生的学习，都会在课程产品上有所显现。课程产品表征着主体对于客体的改造，它本身就凝结着主体的智慧、价值与情感，是校长、教师和学生发展的重要表征。

学校课程开发的评价要考虑的第四个问题是如何评价，即评价方式的选用问题。评价方式的选用实质上取决于我们用什么样的思维去看待学校课程开发中校长、教师、学生的发展和课程产品的改进。基于简单线性的思维，我们易于将不同主体的发展视为以量的方式不断积累的过程，并将这种量的积累和具体的课程行为或产品之间形成一一对应的关系。事实上，这种思维过于线性，对于人的发展和课程开发的复杂过程而言，有简单化的倾向。学校课程开发是课程与教育情境之间相互调适的过程，是主体创造性介入其中的过程。无论是主体的发展，还是课程的优化，都需要用复杂性思维加以衡量。为此，在评价方式上，除了必要的定量评价之外，定性评价更为重要。具体而言，对于作为学校领导者的校长而言，通过答辩会、报告会等，展现其关于学校课程的整体构想与谋划，彰显自身的教育哲学，结合学校的资料查阅等，可能更为适切；对于作为专业人士的学校教师而言，案例式的总结报告或汇报，更能展现其发展的过程意蕴；对于学生来讲，已经较为广泛讨论的档案袋评价、故事评价等，都是行之有效的评价方式。

总体而论，学校课程开发的基本流程就是一个始于构建共同体而终于评价反思的连续整体六个步骤。出于理论讨论的便利，它看起来更像是一个前后相继的线性过程。实质上，在学校课程开发的实践中，上述流程之间可以有次序地调换，亦可以各有侧重。更为关键的是，无论从上述流程中哪一个环节入手，学校课程开发都是一个滚动发展的循环，需要不断地根据学校情境的变动而做出相应的课程调适。

第五章　学校课程开发方法论

学校课程开发的实质是对国家课程、地方课程等既定课程的整合、剪裁、转化、实施与补充，进而构建起具有本校适切性的课程计划和活动序列。从其活动的形式上来看，主要有整合、剪裁、转化、实施与补充。就学校课程开发的过程而言，它又包括三类共同体各有侧重的行动，主要是决策共同体的规划、行动共同体的开发和学习共同体的实施。可见，学校课程开发是一项庞大而复杂的系统工程。它既有相对宏观的决策、规划，又有具体细微的行动实施；它既指向国家课程和地方课程的调适，又有源于本土文化和个体经验的生成与创造。为此，学校课程开发远不是几种方法或策略的简单组合，而应在方法论的层次上对其方法或策略进行系统探析。

第一节　学校课程开发的方法论构建

一、学校课程开发方法论探讨的层次定位

哲学意义上的方法论，有三种基本的理解：一是等同于世界观，是指导人们认识和实践的根本看法和观点；二是被理解为哲学知识所提供的认识功能，是知识背后的精神、原则和方法；三是被理解为处于本体论、认识论之下的具体思维形式。哲学意义上的一般方法论，向下延伸，则具体表现为科学意义上的方法论。无论是将科学意义上的方法论理解为科学认识活动的原理，或是理解为使科学能够正确进行的理论，其根本目的总是指向认识的真理性。在学校课程开发中提出方法论层面的思考，正是鉴于课程开发的合理性诉求，是学校课程开发从“自发”状态走向“自觉”状态的内在要求。为此，学校课程开发方法论主要考虑两个层面的问题：一是学校课程开发的合目的性问题；二是学校课程开发的合规律性问题。对于前者，我们在学校课程开发的价值论中已做出了相应的讨论。为此，这里的方法论将侧重于合规律性的讨论，亦即在科学的意义上探讨学校课程开发的方法论问题。

二、学校课程开发方法论探讨的基本问题

科学意义上的学校课程开发的方法论探讨，根本上是以课程开发中的对象与方法之间的关系为思考对象的，其核心在于讨论学校课程开发的方法与对象之间的适切性问题。为此，学校课程开发的方法论，其重点既不在于单纯的策略或方法体系，也不在于学校课程开发所要作用的对象本身，而

是在于两者的关系。这一关系构建的着眼点，不在于某种普适的课程开发理论，并不遵循“理论－方法”的演绎逻辑，而是在根本上将对象及对象的特性置于整个方法论体系的逻辑起点上。显而易见的是，这一转变的背后，所凸显的正是学校课程开发总是在特定时空情境中发生的情境依赖性，它所面对的对象固然有其相对确定的性质，但也有具体情境下的特殊属性。可以这样说，正是具体情境下学校课程开发对象的特性和方法之间存在矛盾，产生了学校课程开发方法论探讨的需要。

学校课程开发方法论构建的逻辑起点在于澄清学校课程开发的对象及其特性。在课程开发的理论视界中，对象问题是相对模糊的，人们常常习惯于将目光聚焦于课程开发的要素安排上，即系统考虑课程目标、内容、实施、评价等一系列问题，而较少关注，甚至并不关注对象问题。但缺乏对象的自觉意识，并不代表课程开发的对象问题并不存在。在课程开发领域，关于经验的选择、知识价值问题的探讨、学生个体经验及其生活世界的关注，以及近年来关于课程开发与地域文化、本土文化、地方性知识等关系的探讨，正是从不同角度切进关于课程开发对象的思考。基于课程开发领域的已有探讨和学校课程开发的实际，我们大概可以这样描述学校课程开发的对象：它是学校课程开发过程中，作为主体的领导共同体、行动共同体和学习共同体所意欲改造的客观存在之物。就它的具体外延而言，鉴于不同主体的目的不同，在意欲关涉的具体对象上也会有所不同。

三、指向三类共同体的方法论问题界定

决策共同体是在学校课程开发中致力于整体谋划的主体，作用在于澄清学校课程的价值理念和基本架构，具体表现为对学校的课程方案，亦即学校课程的整体蓝图的整体设计，核心是对学校课程的整体结构的设计。学校课程的整体结构是立体式的。它从最上层的教育哲学和学校的办学愿景，逐渐向下延伸，依次表现为课程目标、经验（文化或知识）选择，再到不同类型的课程之间关系的组织协商。可以看出，学校课程的整体结构并不如

同物理世界中物质的结构那样,完全是客观自在的。学校课程结构在根本上是“人为”且“为人”的。无论是学校教育哲学的澄清,还是文化选择,甚至是不同类型课程的关系安排,都兼具主观与客观的双重性质。具体到学校课程开发中,课程方案并不处于“空无”状态,而是处在国家和地方相关的课程政策或标准中,是实然存在的状态。学校课程开发并不是“平地起高楼”,而是要在关于国家和地方课程方案的理解中,对其进行适宜性的校本转化。这就决定了其在方法的运用上,应该是双重的:既要指向课程方案这一人为对象的价值与目的层面,又要指向课程方案这一客观对象的事实与结构层面。换言之,它必然要求科学与人文两种性质方法的共同参与,而非执其一端。

行动共同体是学校课程开发中的主要行动力量,也是面向具体课程开发事务的人员。这一共同体不仅要面向国家课程和地方课程,对其中的知识做境域性的转化,还要面对自身和学生的已有经验,对其进行富有教育意义的转化与确证,使其成为学生个体的课程。同时,作为特定文化情境中的个体,他们更根植于具体的文化之中,将地方性知识或本土文化进行适切性的改造,使其在具体的情境中获得价值辩护,赋予其公共性,亦是行动共同体的使命所在。由此可见,从行动共同体所要作用的对象来讲,它至少涉及国家课程和地方课程中的知识和活动、个体经验和在地文化。

国家课程和地方课程中的知识是以文字符号为基本表征的概念、命题和事实的合集。总体来看,知识的外在表征是客观的。于课程之中存在的知识,无论是散见于各种具体文本之中,还是被有序连贯地组织了的,都必然有其内在的逻辑。课程中知识的逻辑在纵向上,表现为知识的组织顺序,一般遵循从低到高、由简单到复杂的原则;课程中知识的逻辑在横向上,则表现为知识的交叉关系,既有同一学科领域内不同知识之间的相互关系,又有跨学科领域之间的知识相互关系。知识的这种客观性、逻辑性及由此形成的内在结构,是知识的基本法则,并不以人的主观意志为转移。然而,学校课程开发并不单纯以发现这些知识的内在结构为目的,其根本目的还在于重构知识在情境中的意义。为此,发掘蕴于知识表层结构之下的思维方式和处于更深层的情意结构,亦是关于知识开发的题中应有之义。作为知识深层结构的思维方式和情意价值观等的发现,只能在知识生成的具体过程中获得理解与体验。由此可见,对于"知识"这一对象,既需要理性意义上的认识,还需要置于实践过程中的理解。

行动共同体所面对的第二种对象是教师和学生的个体经验。个体经验具有非公共性和不可言明性,往往以隐性的方式存在于个体之中。个体经验虽然并不具有"明述"的性质,但对于个体而言,它们往往更具有支配作用。波兰尼(Michael Polanyi)在讨论个体知识的时候,指出过这种知识对于个体的意义。默会知识虽然不可言说,但它一直在推动那些可言说、可传播的知识的发展。默会知识构成了明言知识的背景系统,从而赋予明言知识以不同的意义,并在明言能力的运用过程中获得不断的充盈。可以这样说,个体经验在更广泛的意义上构成了公共知识的意义系统。学校课程开发中,无论是教师还是学生的个体经验,都有必要经由课程开发而被激活,从而从不可言说的缄默状态走向显性状态。对此而言,在特定情境下的反思与体验似乎是发现个体经验的必要途径。

行动共同体面对的第三种对象是教师和学生所根植其中的本土文化。在人类学意义上,文化就是生活方式,是人们在流动的生活中所持有的价值观念和行为方式的总和。文化当然也有其物化的具体形式。比如,具有地方特色的物件、仪式和活动等。但这些只是文化的表层,文化更是思维方式、价值观念和志趣利益等的综合体。为此,学校课程开发不是将一些文化产品、仪式和活动直接搬进学校,注入课程体系之中。然而,这些表层的文化产品、仪式和活动一旦脱离了具体而生动的地方性生活与实践,就会成为僵化的知识或符号,进而失去作为文化的生命力。更何况对于本土文化而言,其价值因为缺乏必要的公共建构,还需要在课程中获得进一步的辩护。为此,本土文化进入学校课程,远非"拿来主义"那般机械,它必然要求文化的地方性与普适性之间相互沟通。

学习共同体是居于课程实施层面的课程开发主体，其主要行为是在历史文化介入下的交往与对话中，构建属于自己的个体课程，进而实现自我成长。表面上看，在这样一种交往的语境下，并不存在“主一客”二分的主体与对象的分野，而是“主一主”的对话关系。学习共同体的核心任务在于将置于特定情境中的资源转化为自身的内在特质，以成为个体的智慧、能力、价值、情感等。严格来讲，这里所说的能够促进学生发展的资源，其基本构成不外乎前已述及的知识、文化、自我经验，较有特别意蕴的，是处于对话与交往中的“他人”以及“我一你”对话中的生成物。这些在交往和对话中生成的课程资源，能否成为个体课程的有效构成，取决于两个方面：一是主体的积极行动；二是行动中的交往。前者在客观性的维度，通过主体的行动，使生成之物能够成为应对特定情境的“知识”，从而在客观性的维度上确证了其价值；后者则在主体间性的维度，通过学习共同体之间的对话，保障了这一被情境证实了的“知识”的公共效度。

经由上述分析，我们大略可以得出如下几方面的认识：第一，在学校课程开发中，不同的行动主体基于不同的目的，在其作用的对象上会有所不同。其中，决策共同体所作用的对象是由国家和地方发布的课程方案；行动共同体面对的对象是公共知识、本土文化和师生的个体经验；学习共同体作用的对象则是处于对话关系之中的资源，它既包括前已述及的知识、文化和经验，更包括生成性的课程资源。第二，不同的对象所具有的不同性质，影响着主体与对象相互作用的方式。学校课程开发所作用的对象，大体上都是人为之物。即便存在以物的形态出现的对象，它实质上也都打上了人的烙印，也都凝练了不同程度的价值与情感于其中。为此，获得关于这些对象之物的理解，并进而做出调适、辩护、确证等，大体上构成了主体与对象之间相互作用的基本方式。第三，不同主体与对象之间相互作用的基本方式，决定了主体处理对象的基本方法。换言之，学校课程开发的方法论是一个层级体系，它至少是由价值目的层、开发方式层和具体策略层所共同构成的方法体系。依据学校课程开发涉及的三类共同体，我们将对其方法分而述之。

第二节 决策共同体与课程方案形成的策略

学校课程方案是关于学校整体布局和调整的规划与蓝图,是学校课程开发的基础。学校课程方案主要由学校课程开发的决策共同体构建。从其具体内容来讲,它要在国家课程与地方课程的基础上,考虑学校课程开发的价值追求,展现鲜明的学校教育哲学和课程发展愿景,并对学校课程的基本结构及实施等做出具体谋划。

一、学校教育哲学的形成策略

学校教育哲学是一所学校的教育信仰。无论是从学校课程开发的角度,还是从学校发展规划的角度,学校教育哲学都是一所学校办学的灵魂,是指引学校不断前行的"灯塔"。学校课程开发当然是实现学校教育哲学的过程,但对于我国大多数的中小学而言,学校课程开发的意义更在于澄清和梳理学校教育哲学。

学校教育哲学通常包括一所学校的办学使命、发展愿景和育人目标。学校的办学使命是关于一所学校办学理由和价值的集中表达。它所思考的基本问题主要包括:办学为了谁、学校能够提供什么样的教育和学校拥有什么样的教育理想。发展愿景则是关于学校发展的理想定位,是理想状态中学校发展的蓝图。如果说办学使命是居于理念层面的,那么发展愿景则是理念的具体化,明确回应"办什么样的学校"问题。育人目标是在一定时期内关于学生发展规格和素质水平的要求,它是学校办学使命的具体化,直接影响着学校的课程开发与实施,核心在于回答"培养什么样的学生"的问题。由此可见,学校教育哲学分别在"追求什么样的教育""办什么样的学校"和

“培养什么样的学生”三个层面,逐渐接近课程与教学的现实。

学校课程开发中教育哲学的形成,可以采取自上而下的策略和自下而上的策略两种。其中,自上而下的策略是理念先行,着眼于优先构建“好的教育”的理念,进而再依次回答“办什么样的学校”和“培养什么样的学生”这两个次级问题。这种策略一般是以校长为主体,倾向于彰显校长个体的教育哲学。自下而上的策略是以实践为先,着眼于挖掘学校中的教育实践,从好的实践中提炼、发现好的课程追求和好的教育元素,进而将其抽象成为学校共同追求的信仰。这种策略一般更倚重于学校师生在教育哲学形成中的核心力量。但无论是何种策略,都是以价值为核心的文化形成与选择过程。对此,英国著名的课程专家劳顿(Denis Lawton)在关于文化选择的相关讨论中,给出了较为具体的理论阐释。我们将借鉴劳顿所提出的基本框架,就学校课程开发中教育哲学的形成策略展开探讨。

劳顿认为,任何社会都必然面临着将特定的文化传递给年轻一代的问题。对学校教育而言,它面临的首要问题就是选择最具价值的文化。为此,劳顿建立了一套“文化分析”的筛选机制,以实现对文化与价值的合理选择。为此,劳顿提出了几个基本的问题:(1)现行社会是怎样的一种社会?(2)这一社会目前在以何种方式发展?(3)社会成员希望它如何发展?(4)在决定这种社会发展方向以及决定实现这种发展所需的教育手段时,涉及哪些价值观与原则?通过对这些基本问题的回答,大体上可以实现对社会的分析和对适合于此社会发展的知识和经验的“构划”,完成文化选择。劳顿把他的文化分析模式用流程图(图 5-1)表示出来。

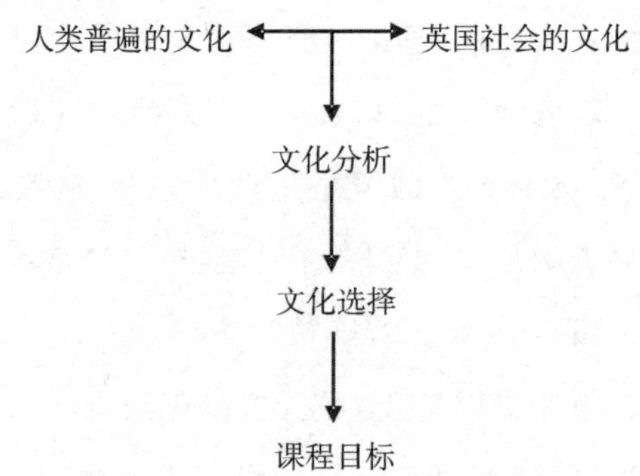

图 5-1　劳顿的文化分析模式

在这一文化分析模式中，劳顿进一步指出了文化分析的九种基本变量：(1)社会政治系统；(2)经济系统；(3)交流系统；(4)理性系统；(5)技术系统；(6)道德系统；(7)信仰系统；(8)美学系统；(9)成熟系统。这一模式运作的基本过程就是将上述九种不同的文化系统应用于自己的社会，对学校课程中应代表的这些现代文化特征进行描述，并根据"文化分析"对社会的这种描述来检查现行课程，找出其中的"漏洞"和"错配"之处，制定课程政策，从而完善课程目标。

将劳顿的文化分析模式用于学校课程开发中的教育哲学形成过程，可以依据其基本思路做简单的调整。具体来讲，在第一阶段，可以梳理并列出自己的教育哲学，无论这里的教育哲学是凝练性地存于校长的个体经验之中，还是具体地散布在学校的教育实践中，通过梳理将现有的教育哲学加以表达，是这一阶段的核心任务；在第二阶段，积极探讨学校现有的教育哲学和国家、地方课程方案以及上一级学校的教育哲学追求之间存在的制约与冲突，从而确定本校应该担负的社会职责；第三阶段则应在上述两个阶段的基础上，充分考虑学校课程应该寻求怎样的变化，凸显哪些文化与价值追求，制订出本校的课程发展目标；第四阶段则应结合学校的现实和学生心理发展的实际，形成合理的课程布局。这里不仅要考虑到心理学的依据，更要充分考虑学校课程的资源、传统等，保证其可行性。

二、学校课程结构的形成策略

学校课程结构反映了作为课程体系构成要素的学科、学科内容和不同类型课程之间的关系。学校课程结构受制于国家和地方的课程方案，但这并不是说学校必须一成不变地执行国家和地方关于学校课程结构的相关要求。新一轮基础教育课程改革以来，我国在课程结构上整体突出均衡、综合和选择的基本原则。关注知识与学生生活和社会生活的相互联系，强调不同学科之间的横向联系，注重综合实践活动，允许地方和学校根据自身情况开设选修课程，以满足学生个性发展的需要，正是上述原则的具体显现。为此，学校课程开发中，学校应基于国家和地方课程方案本身的弹性及其原则主张，对学校课程的结构布局做出必要的调整。

学校课程结构的形成策略总体上应突出"删繁就简、化博为约"的原则。之所以提出这一原则，是因为就结构而言，它是系统中诸要素之间的基本关系。这意味着，学校课程结构的形成，首先要寻求基本的要素，其次才是其要素的组织及关系构建。要素之要，既在于关键，亦在于基本。为此，学校课程结构总体上应该具有简约的形态。这提示我们，在学校课程开发中，"拼盘式""大杂烩式"的课程，看起来往往也可以分属不同的类别，彼此之间似有联系，但并不是理想状态的结构。

从不同的角度来看，学校课程结构的要素是不尽相同的。从课程涉及的学科来看，它涉及不同的科目，分归于不同的类属。比如，人文科学、社会科学和自然科学三类，它们所反映的无非是人、社会与自然三重要素；也可以从学科之间的相互关联出发，寻求局部的组合，以彰显学校特色；还可以根据学科的地位和作用，如基础性学科、拓展性学科等，对学科进行组织。从课程涉及的学科内容来看，其主要构成是知识，但又可进一步分为基本概念、基本事实、基本命题等。从课程涉及的不同类型课程来看，则有综合课程与分科课程、必修课程与选修课程、活动课程与学科课程等，所反映的则是知识、生活、社会与个体的关系。事实上，从不同的视角所揭示的学校课程的基本要素，恰好可以为其结构化的组织提供必要的思路。具体而言，学校课程的结构方式，可以参考如下几种。

其一，从人文、社会和自然三种不同的科学及其关切的人、社会与自然而言，学校课程结构同样可以在三个维度中展开。由此形成的学校课程结构属于“三线并进”式。学校课程的基本组合方式为“人文类课程＋社会类课程＋自然类课程”。三类不同的课程分别指向学生发展的人文素养、社会素养和科学素养。

其二，从不同学科之间的从属与邻近关系出发，实现学校课程局部与整体、分析与综合的组合，强调学科及跨学科思维的结构意义，在单一学科课程、单一活动课程、综合学科课程和综合活动课程中寻求两两组合的方式。比如，语文和自然的组合、语文和社会的组合等。

其三，从不同学科的地位和作用出发，学校课程结构的基本要素是功能，并由此可以分为核心功能课程和非核心功能课程，基础功能课程、拓展功能课程和探究功能课程。前者的典型结构是核心课程＋个性化课程，如语文、数学、外语、信息技术等作为核心课程，搭配一定的能满足学生个性发展需求的学习领域课程。后者的典型结构则是我国上海市实验、探索的课程结构，其课程为基础性课程＋拓展性课程＋探究性课程，在基本要素上注重基础、广度与深度的相互搭配。

其四，从学科内容的基本构成出发，学校课程结构的基本要素是知识及其相互关系。可以依据知识所指涉的对象，对不同学科的知识进行关联化处理。比如，物理、化学、生物三科都可能会涉及同一种自然物质，还有可能涉及社会发展历史。在不同学科间寻求知识的整合，亦是一种可行的结构方式。

其五，从课程类型来看，自我、社会、生活与知识的关系是不同课程类型划分的主要依据。由此形成的课程组合形式，可以是学科课程＋社会问题，也可以是学科课程＋生活，还可以是微型课程，用以满足学生兴趣，与学校的常规课程形成组合。由此形成的课程结构形式可能是常规课程＋社会领域课程/生活领域课程/微型课程。

学校课程结构的表现形式可以是上述形式中的一种，也可以在不同的形式之间寻求组合。但总体而言，学校课程结构要做到完整性、基础性、多样性、特色性和灵活性并重。在我国教育目的的整体框架之内，学校课程结构要尤为注重学生身、心的全面发展。当前，随着“五育并举”理念的提倡与践行，如何妥善处理德育、智育、体育、劳动教育和美育的内在关系，寻找恰当的契合点与转化点，更是学校课程结构构建中的核心问题。对此，我们不妨从教育目的关于人的全面发展的规定性中，将人的全面发展分为身、心两个方面。其中，身体发展对应于学校的体育，凡是能够有助于学生身体发展的活动、项目，均可纳入体育课程之中；心的发展则对应于知、情、意三个方面；劳动教育作为身心交互的活动，指向于行。

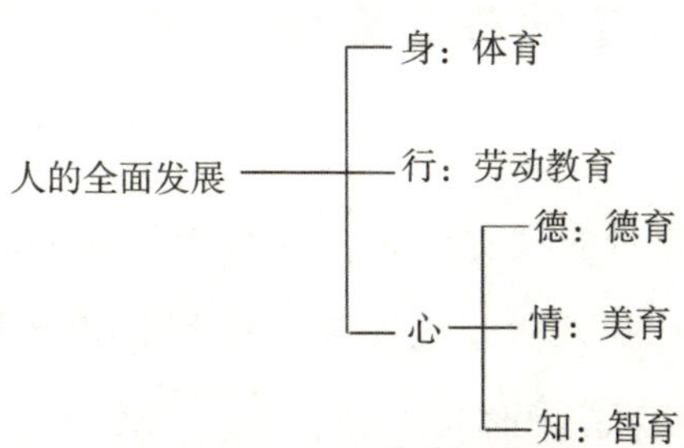

图 5-2　基于我国教育目的框架的学校课程结构

第三节 行动共同体与学校课程调适的策略

学校课程开发中的行动共同体是课程调适的实施主体。行动共同体对学校课程的调适，是基于国家课程与学校情境之间的关系理解，而非偏于一端。行动共同体对学校中国家课程或地方课程的处理策略，一般可以分为剪裁、整合、转化、实施与补充五种。

一、学校课程调适的剪裁策略

在学校课程开发中提出剪裁策略，是由当下课程的丰富性决定的。准确地说，是由学校所面对的课程的丰富性与学校教育的简约性之间的冲突决定的。21 世纪以来，第八次基础教育课程改革赋予了学校一定的课程决定权力。虽然在课程改革层面先后经历了“一纲一本”到“一纲多本”再到“部编版”的课程资源供给变革，但总体来看，一是学校课程决定的权力获得了基本的保障，二是学校面对的课程相对丰富。为此，学校如何在众多的课程中做出适切于本校教育情境的选择，就成为学校课程开发中的现实问题了。

学校课程开发的剪裁策略总体上处理的是学校外部的课程供给与学校自身教育情境之间的关系。为此，一方面要对学校所面对的课程做相对系统客观的分析，以明晰课程在目标、结构、课时、内容、资源方面的总体特征；另一方面，则要依据学校自身的教育情境，依据决策共同体对学校情境的分析及决策、规划，根据学校的教育哲学，对课程进行裁剪。具体来讲，它主要包括如下几个步骤。

(1)铺陈。所谓铺陈，是借用辞赋创作的一种手法，意指铺叙、陈述。从它的基本手法来看，注重“平铺直叙”。在学校课程开发的剪裁中，铺陈是指将学校面对的所有可以选择的课程，无论是国家课程、地方课程还是学校已经开发好的课程，不加区分且不设标准一并列出。如此形成的课程清单，不仅要列出课程所涉及的不同学科、领域、项目，更要将不同学科、领域和项目所要实现的目标、拥有的内容和其内在的结构，以及所需要的师资、资源、课时等一并列出。铺陈虽然只是“呈现”，但实质上是以“呈现”的方式获得关于既存课程的理解。

(2)定标。所谓定标，就是确定标准。标准的确立应基于学校的教育情境。换言之，定标就是前已述及的学校教育哲学的具体表达。学校教育哲学集中表达了学校对于教育、学校和学生的整体追求，但是具体到不同学科、领域、项目乃至学段，教育哲学的表达依然有它的特殊性。为此，行动共同体依然有必要将学校的教育哲学进行学科转化或学段转化，确定本学科或本学段所要达到的目标，进而为课程剪裁确定标准。

(3)评量。在学校课程剪裁的标准确定之后，行动共同体将依据所确定的标准，对经由铺陈而呈现的课程清单进行逐一评估，以确认列出清单的每种课程存在的必要性、可能性与适切性。相较于清单课程完全不必要、不可能、不适切和完全必要、可能、适切，大多数课程与学校标准之间的契合，往往是一个“度”的问题。为此，评量的核心不在于做“是”“否”判断，而是或然性的概率判断。为此，学校的评量可以采用等级制的话语来表达，也可以采用百分比的方式来表达，比如，完全符合、基本符合、不太符合、完全不符合或是多大比例的符合等。

(4)裁并。顾名思义，裁并既包括裁，也包括并。裁是删减，并是建立联系。所裁减的，一般是不适合本校教育哲学追求或课程存在重复的；建立联系的，则是彼此存在相异的课程。裁并不仅要基于学校教育哲学的追求，更要考虑学校课程实施的现实条件。尤其是当前中小学生学业负担普遍较重、学校课程日益丰富的现实之下，更要侧重于从课时、师资等方面，致力于学校课程的“减量提质”，在总量减少的前提下，致力于课程之间的有机联系，提升课程品质。

二、学校课程调适的整合策略

从实质上来讲，在学校课程调适的剪裁策略中，已经有了部分的整合意蕴。整合策略也包含着对课程的删减或增加，还包含组织方式的改变，目的在于使内容、组织在结构上产生有机联系。可见，整合与剪裁类似于一体两面，各有侧重。

不同于课程剪裁是为了处理课程的丰富性与学校教育的简约性之间的矛盾，课程整合策略处理的是学校课程之间，以及课程与生活、社会之间所存在的割裂状态与人的发展的整合性之间存在的矛盾冲突问题。强调课程内不同学科、领域和项目的整合性以及强调课程与社会生活之间的统整性，至少基于三点理由：其一，就人所面对的生活本身而言，它是统整的。学科为了知识的积累和研究的深入，依据研究对象的不同，将原本统整的生活、社会与自然“分科而治”，但这并无法改变生活是统整的本性。其二，就人的认知而言，有必要形成连贯一致的看法。虽然我们会分门别类地学习不同学科或领域的知识，但只有当这些知识内在自洽且成为有机整体的时候，才能够成为对主体有意义的知识。其三，从学生负担的角度来看，知识统整是应对知识爆炸引发课程数量与内容激增的有效方式，它以结构化的方式强调了应对未来社会的课程核心。

学校课程调适的整合策略的关键在于建立起不同学科、知识、领域或项目之间的内在关联。基于不同的关联类型，学校课程调适的整合策略又会略有差异。但从其总体的策略上来讲，则是在分化中整合，在整合时分化。要充分运用“整合”与“分化”的辩证思维，进行真正意义上的“整合”，而不是“拼凑”。具体而言，主要有如下策略。

(1)渗透。所谓渗透，指的是不同课程、学科或学习领域中的要素产生相互影响的关系。渗透策略的运用是发生在两种互有分别但又相互影响的课程元素存在的基础之上的。比如，语文中的历史和历史中的语文。表面上看，语文和历史都是课程中的科目名称；从课程内容的角度看，语文和历史实质上又表达了课程内容的某种特质，可以视为两种不同的课程元素，二者相互分别又彼此关联。为此，在语文课程的学习中融入历史知识，使语文学习更能显现情境意味；在历史课程的学习中融入语文知识，则更能找到特定历史情境中的具体特例。比如，唐代社会政治的衰落与唐诗气象的关系，就是很好的可以利用的渗透点。

(2)相关。所谓相关，是指在不同的学科、领域或项目之间形成关联的思维与行为方式。当然，关联的内在结构既在于所关联的学科、领域或项目的不同点，更基于它们之间的相同点。比如，依据学科、领域或项目所关注的对象特性和目的特性，我们可以将学校中的一些科目按照人文、社会和自然的线索加以组织，并由此形成具有融合特质的课程。例如，历史、地理、政治、法律、经济等，可以融合为“社会学科”，而物理、化学、生物、地理(偏重自然科学的部分)，则可以整合为“自然学科”。

(3)协作。协作指的是不同课程基于不同的功能和价值，基于互补的关系而形成关联的课程整合策略。这类课程整合通常需要指向一个核心的问题。问题本身的复杂性和解决方式的综合性，决定了不同课程介入其中的形态及相关关系。比如，以水污染治理这一社会问题为指向，可能涉及的学科包括物理、生物、化学、道德与法治、地理等。不同的学科在这一问题的解决过程中各有作用，需要在问题的激发中，通过学生自主从不同学科或领域寻找相关的内容，以获得问题的解决。可见，不同于渗透，相关更侧重于教师或课程专家的外部力量，协作更加注重学生在自我的认知、情感中实现课程内容的整合。

(4)派生。派生策略与协作策略有某种类似之处，但又存有差别。不同于协作基于不同学科、领域或项目的不同功能而致力于实现整合，派生更加注重围绕同一主题而形成的发散性相关。它的联结点通常不是问题，而是单纯的主题。比如，围绕“花”，学生可以展开不同层面、不同学科、不同领域的认识。学生可以从植物学中获得关于花的科学认识，也可以从文学中获得关于花的文学表达，还可以体验或欣赏关于花的音乐、艺术作品等。这些不同学科、领域的课程内容，是发散性的，且功能上也不指向某一特定问题的解决，只是围绕"花"的主题，用以丰富学生的认知和体验，但它依然属于统整的一种有效策略。

三、学校课程调适的转化策略

广义地说，学校课程调适的转化策略几乎和"调适"是等义的，剪裁、整合与创新都是转化的不同方式。但在狭义上来讲，转化策略并不同于此前的剪裁与整合。剪裁指向的是课程及其内容的选择，整合指向的是课程及其内容之间相互关系的构建。与之不同，转化涉及的是课程目标、内容、实施方式等更为深层的问题。从转化策略所处理的具体矛盾来讲，它指向的是国家课程和地方课程中关于目标、内容、实施方法与学校具体教育情境之间既相关又有差异的矛盾联系状态。具体而言，学校课程调适的转化策略通常包括如下三种。

(1)具化。所谓具化，主要是指向课程目标调适的，是指结合学校教育的情境，对国家课程和地方课程中的课程目标进行具体化表达的过程。国家课程或地方课程中的课程目标，处于国家教育目标与学校教学目标的中间环节，对目标进行具体化表述，是学校开展课程与教学工作的题中应有之义。课程目标的具体化表述，实质上就是将课程目标中关于学生发展的知识、能力、情感、态度、价值等维度，和特定情境中的学生及社会需要相结合。尤其是基础教育课程改革以来，我国基础教育阶段的课程更倾向于"兜底"，在目标要求上有所降低，属于学生要达到的最低标准。这恰恰给学校的具体化带来了空间，比如，在语文课程标准的学段目标中，有"养成看书读报的习惯"，学校就可以因地制宜地将这一目标具体化为以什么方式、通过什么途径、看什么书、读什么报等。

(2)活化。所谓活化，主要是指向课程内容的，是指将以符号方式呈现的静态的课程内容转化为生动活泼的活动的过程。课程内容的活化的核心在于课程内容活动化,促进文本课程向学生的经验课程转化。具体而言,课程内容的活化要突出问题驱动和任务驱动。问题驱动的根本理由在于:任何静态的课程内容都有其动态的发生过程,且都有其特定的问题指向。问题驱动需要教师致力于课程内容情境的发现,并通过情境重构,使课程内容转化为学生能够感知的具体问题。而围绕这一问题的解决,会形成不同层面或维度的任务,促使学生在学习的过程中建构属于自己的知识。课程活化策略的运用不只是因为知识过程的重建,更是因为课程内容和学生的日常生活及在地文化之间的联系。比如,在地理学科的学习中,教师可以结合当地的地形、地貌、气候等,提出具体的问题,促使知识活化。

(3)适化。所谓适化,主要指向课程实施方式。当前,我国课程实施方式上倡导自主、合作、探究。这一课程实施方式对学生的主动学习具有积极意义。然而,对不同地区、不同背景的学校和学生而言,自主、合作、探究的方式可能会有不同的意蕴。更为重要的是,无论是何种实施方式,都需要教师能够准确识别学习内容的对象特质。基础教育课程改革以来,杜郎口中学关于课堂教学模式的整体改革,正是基于学校独特的校情而做出的"适化"行为,且在课程实施方式的自主、合作、探究中,更加突出自主的维度。可见,自主、合作、探究和接受式学习,在具体的实施中可以突出其一,也可以在不同的学科中分而施之,综合发展学生不同维度的素养。

四、学校课程调适的补充策略

学校课程开发中的补充策略主要是针对国家课程和地方课程实施过程中课程供给的不足而提出的,解决的主要矛盾是国家课程和地方课程的供给不能满足具体教育情境中课程需求的矛盾,其目的既指向国家课程和地方课程的有效实施,亦指向特定教育情境中课程需求的满足。

从国家课程和地方课程有效实施的角度来讲,补充策略主要指向课程资源层面。课程资源是实现课程目标的要素和条件保障。国家课程和地方课程提供的课程资源往往比较单一,通常以教科书为主。应该指出,教科书作为主要的课程资源，对于保障课程底线目标的实现、促进课程公平具有积极意义。然而，学校在课程实施时相对单一的课程资源供给，容易使课程实施的效果受到影响，比如，学生的知能关系问题等。为此，补充必要的课程资源，以弥补单一课程资源的不足，亦是通过学校课程开发提升课程适应性的题中应有之义。

从彰显具体教育情境中特定课程需求满足的角度来讲，补充策略主要指向"空无课程"的填补。美国课程学者艾斯纳(Elliot W. Eisner)曾对"空无课程"做出过如下定义：

一种未曾提供给学生的选项；学生或许从不知晓，更不太可能用到过的观点；一种并非属于他们自身智能的理念或技能。①

简言之，空无课程就是指学校应该开设却未曾开设的课程，包括智能和内容两个方面。当然，艾斯纳的空无课程主要是基于学生立场的。事实上，从学生、教师、社会和学校不同的视角出发，学校可能存在不同的课程"空无区"。基于学生的角度，当学生已有能力明显高于国家课程或地方课程，或学生具有相应的兴趣与特长，但原有的课程无法提供使这些兴趣或专长得到发挥的机会，事实上就形成了空无课程。基于教师的角度，当教师有特别的兴趣或专长，且这些兴趣与专长经过审慎的评议，证明了其具有正当的课程价值而未被利用的时候，实质上也会形成空无课程。基于学校的角度，当学校意欲发展自己的学校文化，彰显办学的特色追求，从而对课程有特定的需求而无法获得有效的课程供给时，同样会产生空无课程。此外，还有社会不断发展，一些新的知识、理论、思想，往往来不及被纳入正规的课程之中，必然要求在学校课程开发的具体实践中予以补充。

由此可见，学校课程开发的补充策略不仅包括课程资源的充实，还包括课程目标、课程内容乃至学习科目的扩充。课程资源的充实通常是在教科书这一主资源以外，补充诸如实物、影像、模型乃至练习等，使学生能够将知

---

①埃利奥特·W.艾斯纳.教育想象——学校课程设计与评价[M].李雁冰，主译.北京：教育科学出版社，2008：101.

识学习与实际操作、主观体验等有效结合起来。目标、内容和科目的扩充，一是表现为深度上的适当提高；二是表现为广度上的兴趣与特长的满足。如果将国家课程目标定义为“1”，那么所扩充的“X”就是适当拔高的目标追求或学生兴趣特长的满足，形成“1＋X”的课程结构。它必须要在实现国家课程“1”的基础上，依据学生的实际来扩充，而不是盲目地拔高或拓展，避免学校课程开发的“超纲”行为。

第四节　学习共同体与学校课程生成的策略

美国课程专家古德莱德曾在课程层次理论中，区分了五种不同层次的课程：理想的课程、正式的课程、领悟的课程、实施的课程和经验的课程。用课程的五种层次来解释课程实施，同样富有启示。学校决策共同体在课程开发活动中作用的层次区间约居于“理想的课程－领悟的课程”之间，行动共同体作用的层次区间约居于“正式的课程－实施的课程”之间。而对于学习共同体来讲，其作用的层次区间则大约居于“领悟的课程－经验的课程”之间。

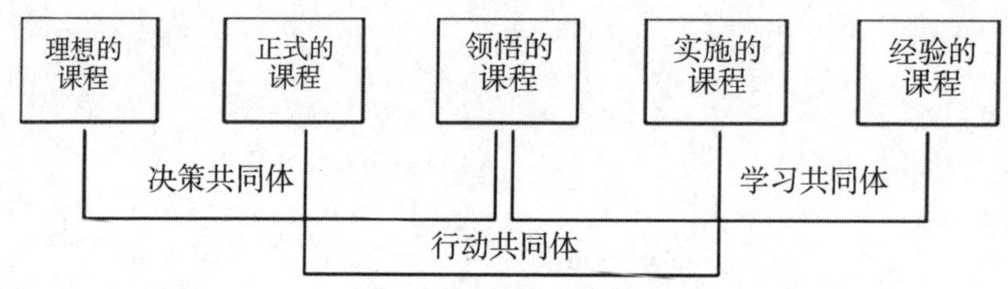

图 5-3　不同共同体的作用层次

通过图 5-3 不难发现，学习共同体所作用的课程层次区间位于领悟的课程与经验的课程之间。换言之，如何将教师领悟与体验的课程，经由课程实施，转变为学生个体所经验到的课程，是学习共同体在学校课程开发中面临的核心任务。它同时表明，从教师领悟的课程到学生经验到的课程之间，不仅存在层次上的“落差”，也势必会发生因为主体的不同而导致的“变异”。换言之，在教师领悟的课程到学生经验的课程之间，既有课程被忠实执行的情况存在，又会因为学生主体的介入，而使课程创生得以发生。如此，课程创生不过是将处于“自发”状态的学习共同体行为，转变为“自觉”的状态。

这一转变当然是十分必要的，更是可能的。

一、课程生成的逻辑起点

逻辑起点是关于课程生成本质最简约的规定，蕴含着对学校课程开发中课程生成是什么、为什么、始于何而止于何的系统性回答。可以说，对课程生成逻辑起点的厘定，从根本上决定了课程生成的实质及其实现策略。

在已有的研究中，学校课程开发中课程生成的逻辑起点通常被理解为是学校特色建设或特色学校建设。这种逻辑的基本假定认为，每一所学校都应该有自己独特的教育哲学追求，有关于追求什么样的教育、办什么样的学校和培养什么样的人的独特追求。在实然层面，不同的学校事实上又存在"千校一面"和"千人一面"的同质化现象。为此，独特性的追求就成为学校课程开发中课程生成的逻辑起点，课程生成就是实现学校独特性追求的基本切入点或主要抓手。

这种关于课程生成的理解，所形成的基本策略就是"人无我有、人有我优、人优我特、人特我转"。于是，在中小学的学校课程生成的实践中，就存在大量填补空白、提升品质、彰显特色、凸显差异的做法。其结果是不同学校的课程五花八门、各不相同。独特性的追求掩盖了课程生成品质的内在要求，看起来琳琅满目的课程，究竟具有何种促进学生发展的内在品质，反而成为问题的次要方面。

课程生成逻辑起点的错误设定，与我们对于当前学校课程及学校教育的基本判断不无关系。当我们假定所有的学校"千校一面"和所有的学生"千人一面"时，事实上已经以学校和学生的共性抹杀了个性，并以"千校一面"的表达否定了学校教育情境存在差异性的事实。事实上，这种表面上看似基于学校情境的判断，已经在前提中否定了学校情境的独特意蕴。人的生成性及其独特性，是学校教育情境独特性的内在逻辑。可以说，无论学校在其组织架构、运作机制和价值表达上有着怎样的雷同，但就实践来看，不同的学校因为不同的学生、教师的介入，不可能有着相同的教育情境，进行着共同的教育实践。这同时意味着，学校及其教育实践之间的差异性是切实存在的。以独特性作为课程生成的逻辑起点，无异于在观念层面树立了一个虚假但并不存在的“假想敌”，而以此为起点进行的课程生成，势必也会因其指向不确而落入虚妄之中。

课程生成始终是人的生成。这有双重意味：一是从课程生成的目的指向来看，是缘于人的生成性发展，这要求课程必然是具有生成性的。当然，这并不是说课程要以生成性取代预成性，而是说要在预成性中预留生成性的空间和线索，使课程在与真实情境中的人相遇时，能够真正满足其生成性发展的需求。二是从课程生成的实现来看，是缘于人的生成性品质。人的生成性品质内在地构成了关于创新、生成、创造等一系列的主体行为。这意味着，无论何种课程，只要经由主体的介入，都会被铭刻上主体自身的意志和创造性改造的印迹。所谓“千校一面”，不过是作为课程主体的主体性未能获得彰显所导致的表象罢了。

不难发现，将特色追求作为学校课程开发中课程生成的起点，实质上是一种“焦点偏移”。人的生成性意蕴决定了不同主体之间的差异性，也决定了其介入实践时的情境生成。因此，课程生成的真正逻辑起点缘于主体的生成性品质。课程实践中所谓的“千人一面”和“千校一面”的境况的出现，一方面当然与人们抽象地、简单化地判定课程现实有关，但更为重要的是，在课程实践中，源自近代科学主义世界观的本质主义、理性主义和实体主义，也实然地造成了对处于现实生活中的人的简化、抽象和遗忘。这种简单、抽象和遗忘所造就的看似没有差异性的人，加上后置的技术主义或理性主义的课程开发理论，共同扼制了课程应有的个性、差异与特色。

学校课程开发中，将人的生成性品质作为课程生成的逻辑起点，就是要基于人的生成性的彰显来实现课程生成。从实现的具体策略来讲，课程生成策略并不是探讨关于课程开发的技术、流程或原理，它意在表达一种人在课程之中的生活技巧、艺术与实践，并关切使这种在课程中的生活技巧、艺术与实践得以实现的可能条件。

二、课程生成:返回师生的生活世界

关于“生活世界”的概念,有着胡塞尔和马克思的双重传统。胡塞尔所说的生活世界,是我们生活于其中的,非主题化的、可直观的、前科性的世界。维特根斯坦也认为,语言的意义缘于语言的用法,语言经由日常的语用而获得意义,其意义依赖于具体的语境。世界组织的方式是通过语言表达而产生的,语言构造事物。此后,海德格尔也指出,只有人才有世界,世界是人居于其中、逗留于其中、与之熟悉和交融的生活世界。对哈贝马斯来讲,世界则是由语言交往展开出来的作为交往活动背景的前反思性的、奠基性的生活世界。

胡塞尔以降的生活世界,是基于对欧洲自然科学危机的反思而出现的。在《欧洲科学的危机和先验现象学》中,胡塞尔的“生活世界”实质是指“活的世界”,它相对于自然科学把“活的世界”当作“死的世界”加以对待的不当做法。事实上,生活世界理论所要表达的,不是有别于自笛卡儿以降的“我思故我在”的哲学传统,而是要在“我生故我在”的哲学主张中,彰显人活着、“生着”的意义。于是,在西方现代哲学中,生活主要指向日常生活,并在日常消费生活、日常交往生活和日常意识活动中获得延伸。在胡塞尔看来,非科学化的生活世界指向的是直观地呈现并可以为我们所经验的世界;非主题化的生活世界指向的则是它的不言自明性。后维特根斯坦将世界置于语言的用法之中,以“语言游戏”指涉其意义的生成,强调的也是日常语言交往。及至后经验主义试图把科学发展和科学家的生活联系起来,并将科学家的生活主要指向情感、欲望、追求和日常消费等,无非是在说明,生活世界对于人的自由、个性和生成所具有的奠基性意义。

无论在哲学的意义上关于生活世界的理解有多少分歧,但就生活世界理论引入课程之中的实际意义而言,它强调了人及其生命在课程世界中的根本意义。生活世界是人在其中的世界,它的中心是人、人的生存、意义和价值。它还强调了人的生成动态性。只有让课程真正立基于师生的生活之上,并将其纳入人的生成过程之中,它才真正具有关切人的生成的终极意义。在这个意义上,课程生成的首要策略在于立基于师生的生活世界之上。

课程立于师生的生活世界,并不意味着学生要在科学世界与生活世界之间划清界限或制造冲突,而是要通过某种具体的手段或方式,在科学世界与生活世界之间形成沟通。胡塞尔以降的生活世界理论,以纯粹自在自为的世界说明了人的生成性及其自由与个性,但也容易陷入历史虚无和相对主义。马克思对此问题的处理,是将日常生活和非日常生活(科学生活)在以实践为基础的人的对象化活动中予以统一,从而使人的存在既有其历史文化的"源",又有生成性的、富有创造力的"流"。

课程生成要返回师生的生活世界,并不是指要将课程"降格"为生活本来的样式,而是要使以科学生活为基础的国家课程、地方课程获得在生活世界之中的意义,使生活世界成为国家课程、地方课程等蕴含着科学世界认识的意义源泉。课程生成返回师生的生活世界,还在于将师生缘于生活世界的直接体验,在实践的对象化活动中,在与历史文化的沟通承继与主体之间的交融中,使其获得公共性的品质,从而将个体的经验镶嵌于历史文化的长河之中。

三、关怀自身:课程生成的美学实践

课程生成的逻辑起点是人的生成性品质,彰显人的生成性就是要让课程生成立基于主体的生活世界,亦即师生的世界之中,目的在于使师生的经验与体验获得意义确证。在此意义上,课程生成不过是自我经验与体验被不断发现、提升与纯化的实践过程,亦是通过这一过程,主体以实践创造的过程实现自我的美学生存。

课程生成要将关怀自身作为基本立场和基本态度。关怀自身表达了当师生与课程相遇时,处理二者关系的一般态度原则。课程总是包含着某种知识或文化的。近代以来,培根的"知识就是力量"经由福柯的改造,被表达为"知识就是权力",揭示了知识之中包含着的各种关于身体治理的技艺。

福柯意在指出,所谓主体的建构,总是在追求知识真理的过程中同时与我们自身成为知识的客体并行实现。换言之,所谓的主体化,亦是客体化的过程。在学校课程开发中,强调教师、学生作为课程开发的主体,但这里所谓的主体,实质上亦是作为知识对象的客体。关于师生作为主体的相关理论,一方面建构着师生的主体性,另一方面也建构了关于主体的各种限制。或许,这可以用来解释为什么具有生成性品质的人及其生存于其中的学校,会出现"千人一面"或"千校一面"的境况。将关怀自身作为课程生成的基本立场和基本态度,就是指将课程生成视为指向师生找寻属于自身的真正的课程生活的过程。

课程生成要将审视和观看的目光从外部的课程转向内在的自省。关怀自身不仅是上述的态度、立场和原则,它亦是一种观看和内省的方式。将观看和省思从外向内地转化,意味着关怀自我不仅是自我经验和体验被激发的过程,亦是自我进行思想修养和沉思的过程。事实上,只有自我内在的体验和思想得到了提升或修正,我们才能更好地审视并澄清对于外部对象的认识。在学校课程开发中,人们习惯将目光聚焦于外部的课程、资源、文化、知识等方面,缺少关于自我内在经验、思想和观点的体验与省思,其结果往往是对外部关注越多,自我的主体品性遮蔽愈甚。关怀自身的课程生成,倡导自我的思想修养,对不同层面的共同体而言,当然有着不同的意味。相同之处在于,它无一例外地要求不同层面的共同体对自身的教育经验给予充分的体验和省思,并通过自我的思想修炼,使之去伪存真,这不仅可以提升自我教育经验的纯度,更可以获得对于教育、课程更加准确的体认。

课程生成最终实现于切于己身的实践行动之中。关怀自身是一种态度、一种向内的省思,更是一种实践行动,是关切自我的生存方式。对置身于学校教育情境之中的师生而言,关怀自我的课程生成指向就是对切己的课程进行改造的生存实践。当然,改造在根本上是指向自我的改造,是关于自我课程生活方式的改造。为此,关怀自我的课程生成绝不是师生作为开发的主体,在国家课程、地方课程以外"创造"一套所谓的"校本课程"的体系。至少创造这样的一套校本课程体系无法构成课程生成的终极目的，它只是师生关怀自我的课程生活方式所带来的副产品而已。换言之，师生在学校课程中切近自我且不断提升的生存方式本身，远重于静态意义上课程产品的创新，因此应该成为课程生成的根本追求。

课程生成虽然只是学校课程开发诸多策略中的一种，却能彰显学校课程开发的本真意蕴。从某种意义上来讲，它不只是学校课程开发的一种策略，更是贯穿学校课程开发始终的精神品质，表达了在学校教育情境中现实而具体地生存着的师生应该以何种方式生存与实践的内在追求。所谓课程生成，不过是具有生成性的师生主体，让其生命在自由与规范中缓缓流淌，进而体验、觉醒并提升自我生命力量的美学实践而已。

参考文献

著作类

[1]亚里士多德. 尼各马可伦理学[M]. 廖申白,译注. 北京:商务印书馆,2003.

[2]施良方. 课程理论——课程的基础、原理与问题[M]. 北京:教育科学出版社,1996.

[3]李学勤. 十三经注疏·毛诗正义(上中下)[M]. 北京:北京大学出版社,1999.

[4]威廉·F. 派纳,威廉·M. 雷诺兹,帕特里克·斯莱特里,彼得·M. 陶伯曼. 理解课程——历史与当代课程话语研究导论[M]. 张华,等译. 北京:教育科学出版社,2003.

[5]詹姆斯·Q. 威尔逊. 美国官僚政治——政府机构的行为及其动因[M]. 张海涛,魏红伟,陈家林,等译. 北京:中国社会科学出版社,1995.

[6]钟启泉,崔允漷,张华. 为了中华民族的复兴 为了每位学生的发展《基础教育课程改革纲要(试行)》解读[M]. 上海:华东师范大学出版社,2001.

[7]约翰·杜威. 学校与社会·明日之学校[M]. 赵祥麟,任钟印,吴志宏,译. 北京:人民教育出版社,1994.

[8]石中英. 知识转型与教育改革[M]. 北京:教育科学出版社,2001.

[9]夸美纽斯. 大教学论[M]. 傅任敢,译. 北京:人民教育出版社,1984.

[10]戴维·米勒. 开放的思想和社会——波普尔思想精粹[M]. 张之

沧,译.南京:江苏人民出版社,2000.

[11]托马斯·库恩.必要的张力——科学的传统和变革论文选[M].范岱年,纪树立,译.北京:北京大学出版社,2004.

[12]约瑟夫·劳斯.知识与权力——走向科学的政治哲学[M].盛晓明,邱慧,孟强,译.北京:北京大学出版社,2004.

[13]托马斯·库恩.科学革命的结构[M].金吾伦,胡新和,译.北京:北京大学出版社,2003.

[14]蒋劲松,吴彤,王巍.科学实践哲学的新视野[M].呼和浩特:内蒙古人民出版社,2006.

[15]斯宾塞.斯宾塞教育论著选[M].胡毅,王承绪,译.北京:人民教育出版社,1997.

[16]拉尔夫·泰勒.课程与教学的基本原理[M].施良方,译.北京:人民教育出版社,1994.

[17]吴鼎福,诸文蔚.教育生态学[M].南京:江苏教育出版社,2000.

[18]约翰·杜威.民主主义与教育[M].王承绪,译.北京;人民教育出版社,2001.

[19]齐格蒙特·鲍曼.作为实践的文化[M].郑莉,译.北京大学出版社,2009.

[20]卡林·诺尔-塞蒂娜.制造知识——建构主义与科学的与境性[M].王善博,等译.北京:东方出版社,2001.

[21]殷鼎.理解的命运——解释学初论[M].北京:生活·读书·新知三联书店,1988.

[22]伽达默尔,杜特.解释学 美学 实践哲学:伽达默尔与杜特对谈录[M].金惠敏,译.北京:商务印书馆,2005.

[23]中共中央马克思恩格斯列宁斯大林著作编译局.马克思恩格斯选集(第1卷)[M].北京:人民出版社,1995.

[24]靳玉乐,校本课程开发的理念与策略[M].成都:四川教育出版

社，2006.

[25]黑格尔. 法哲学原理[M]. 范扬，张企泰，译. 北京：商务印书馆，1961.

[26]埃利奥特·W. 艾斯纳. 教育想象——学校课程设计与评价[M]. 李雁冰，主译. 北京：教育科学出版社，2008.

期刊类

[1]傅建明. 校本课程开发的价值追求[J]. 课程·教材·教法，2002(7).

[2]刘良华. 行动研究：是什么与不是什么[J]. 教育研究与实验，2001(4).

[3]张人杰. 西方“教育民主化”初探[J]. 高等教育学报，1986(1).

[4]张华. 道德的课程改革与民主的课程领导[J]. 全球教育展望，2006(4).

[5]崔允漷. 学校课程规划的内涵与实践[J]. 上海教育科研，2005(8).

[6]徐玉珍. 论国家课程的校本化实施[J]. 教育研究，2008(2).

[7]姜建兰. 以“五色花”校本课程助推学生心智成长——以江苏省徐州市大屯矿区第一小学为例[J]. 江苏教育，2018(64).

[8]陈文强，许序修. 立基地域文化的校本课程建设探索——以福建厦门双十中学《闽南文化》课程为例[J]. 中国教育学刊，2010(7).

[9]陶继新.《国学》：校本课程的一枝奇葩——济南市大明湖路小学国学教育述评[J]. 当代教育科学，2003(10).

[10]张志祥. 高中《古代诗歌鉴赏》校本课程的开发与反思[J]. 语文学刊，2008(6).

[11]刘世民，张永军. 亚文化：校本课程开发的重要价值取向[J]. 中国教育学刊，2013(4).

[12]徐玉珍. 是校本的课程开发，还是校本课程的开发——校本课程开发概念再解读[J]. 课程·教材·教法，2005(11).

[13]李定仁，段兆兵. 校本课程开发：重建知识伦理[J]. 教育研究，2004(8).

[14]吴彤. 两种“地方性知识”——兼评吉尔兹和劳斯的观点[J]. 自然

辩证法研究,2007(11).

[15]么加利.“地方性知识”析——地方课程开发中知识选择的思考[J].教育学报,2012(4).

[16]王娜.语境主义知识观:一种新的可能[J].哲学研究,2010(5).

[17]盛晓明.地方性知识的构造[J].哲学研究,2000(12).

[18]赵明仁.论校长领导力[J].教育科学研究,2009(1).

[19]靳玉乐.校本课程的实施:经验、问题与对策[J].教育研究,2001(9).

[20]范蔚,叶波,徐宇.“师生共进”的有效教学评价标准建构[J].教育理论与实践,2013(19).

[21]郭元祥,吴宏.论课程知识的本质属性及其教学表达[J].课程·教材·教法,2018(8).